自動車運送事業の働きやすい職場認証制度取得マニュアル

特定社会保険労務士
山下 智美[著]

日本法令

はじめに

　社会保険労務士として開業した当初から運送事業者の労務管理のお手伝いをしてきて、運送事業者に求められる労務管理のあり方が大きく変わったと感じています。

　運送事業者の多くは、365日24時間事業を運営することで私たちの生活を支えてくれていますが、長時間労働や休日が少ないなどの過酷な労働イメージなどもあり、若手ドライバーの採用は困難を極め、高齢化が進んでいます。人が採用できなければドライバー1人当たりの負荷は増加し、労働環境も悪化して、労務トラブルも頻発します。

　この悪循環が深刻なものとなってきていますが、多くの運送事業者が、自社の状況を好転させるために何から取り組んでいけばよいのか、わからないのが実態ではないかと思います。

　本書で取り上げている「働きやすい職場認証制度」は、まず法令を遵守していること、次により良い労働環境を創設すること、と運送事業者が一つひとつ認証項目の達成を目指しながら取り組んでいくことができる制度で、認証取得後は、求職者に一定以上のレベルの労働環境が整備されていることをアピールできる制度となっています。

　100社以上の運送事業者の申請の事前確認・サポートを行ってきましたが、認証を取得した多くの事業者は、最初からすべての認証項目を達成していたわけではなく、一つひとつ自社が取り組める改善事項を見つけて取り組んでいき、認証を獲得していますので、今は認証取得が難しいと考えている運送事業者も、諦める必要はありません。

　本書は、運送事業者で認証取得を目指す際に申請の担当者がその手順や方法がわかりやすいよう、また、運送事業者を顧問先に持つ士業の皆様が労務管理に関する相談を受けた際に認証取得を提案・サポートしやすいよう、手順書としてまとめられています。認証取得後の継続更新や上の認証段階の取得を目指す際にも役立つ内容となっていますので、是非、ご活用いただきたいと思います。

　最後に、本書出版のご提案をいただき、私のイメージを形にしていただき、編集・校正等にお世話になりました、日本法令の田中紀子さんに御礼申し上げます。

2024年11月

[CONTENTS]

第1章 「働きやすい職場認証制度」ってどんな制度?

Ⅰ 職場環境の改善に取り組む運送事業者を「見える化」する制度 ……………………………………………………………… 8
Ⅱ 認証を取得するメリットとは? …………………………………… 10
  1 認証マーク　*10*
  2 求人活動への活用　*11*
  （1）ハローワーク　*11*
  （2）認定推進機関の求人サイト　*11*
  3 認定推奨機関が実施する各種サービスの利用　*12*
  4 国土交通省の監査　*12*
  5 外国人ドライバーの受入れ　*13*
  6 その他　*13*
Ⅲ どうやって認証を取得するの?　～認証取得までの流れ ………………………………………………………………………… 14
Ⅳ 認証制度の概要①　～認証の段階 ………………………………… 16
Ⅴ 認証制度の概要②　～対象事業者・対象事業所 ………………… 18
  1 対象事業者　*18*
  2 対象事業所　*19*
  （1）本社　*19*
  （2）営業所　*19*
Ⅵ 認証制度の概要③　～認証の単位 ………………………………… 20

1　事業者（法人）単位での申請　20
　2　都道府県単位での申請　21
　　(1)「二つ星」新規申請　21
　　(2)「二つ星」新規申請と未取得都道府県営業所の「一つ星」新規・取得済み都道府県営業所の「一つ星」継続申請　21
　　(3)「一つ星」継続申請と未取得都道府県営業所の「一つ星」新規申請　21
　　(4)「一つ星」の継続申請に未認証の都道府県の営業所を追加して申請　21
　3　申請のパターン　22

Ⅶ　認証制度の概要④　～申請するために満たすべき要件 …………………………………… 27

　1　認証取得には認証項目の達成が必要　27
　2　認証項目達成の前提となる要件　28
　3　「基準日」の考え方　29

Ⅷ　認証取得にかかる費用は？　～審査料・登録料 …………… 31

第2章

審査から登録までの流れを確認する

Ⅰ　登録までの認証プロセス ……………………………………………………………… 34

Ⅱ　申請に必要な書類は？ ………………………………………………………………… 35

　1　申請書類　35
　2　提出書類　35
　　(1) 就業規則の写し　35
　　(2) 36協定の写し　36
　　(3) 労働条件通知書（または雇用契約書）の写し　37
　　(4) 安全衛生委員会等関連書類の写し　38
　　(5) 定期健康診断結果報告書の写し　40
　　(6) 事業改善報告書の写し　41

Ⅲ 審査はどのように行われる？ ……………………………… 42
 1 事前スクリーニング 42
 2 書面審査 42
 （1）自認書 43
 （2）保管書類 43
 3 対面審査 43

Ⅳ 登録はどのように行う？ ……………………………………… 44
 1 登録証書の発行等 44
 2 巡回チェック 44
 3 認証の取消し 45

第3章

認証項目と達成ポイントを確認する

Ⅰ 「一つ星」・「二つ星」の認証項目 ……………………… 48
 1 認証項目は6つの対策分野に分かれている 48
 2 認証項目の見方 49
 3 配点と基準点数 50
 4 「一つ星」と「二つ星」の違い 50

Ⅱ 各対策分野の達成ポイント ……………………………… 51
 1 各対策分野の特徴と達成ポイント 51
 （1）対策分野A「法令遵守等」（通し番号1～9） 51
 （2）対策分野B「労働時間・休日」（通し番号10～14） 52
 （3）対策分野C「心身の健康」（通し番号15～18） 52
 （4）対策分野D「安心・安定」（通し番号19～28） 53
 （5）対策分野E「多様な人材の確保・育成」（通し番号29） 53
 （6）対策分野F「自主性・先進性等」（通し番号30） 54
 2 認証項目達成のために押さえておきたい法的ルール 54
 （1）自動車運転者の時間外労働の上限規制 54

　(2) 改善基準告示　　56
　(3) 最低賃金　　58

第4章 認証項目ポイント解説

Ⅰ　選択必須項目での得点が認証取得のカギを握る …………… 60
　1　必須項目と選択必須項目の違い　　60
　2　選択必須項目の得点を確認し、基準点獲得を目指す　　60
Ⅱ　対策分野A　法令遵守等 ……………………………………… 75
Ⅲ　対策分野B　労働時間・休日 ………………………………… 82
Ⅳ　対策分野C　心身の健康 ……………………………………… 94
Ⅴ　対策分野D　安心・安定 ……………………………………… 102
Ⅵ　対策分野E　多様な人材の確保・育成 ……………………… 113
Ⅶ　対策分野F　自主性・先進性等 ……………………………… 118

第5章 電子申請の流れ

Ⅰ　トップページから申請ポータルサイトにアクセスする … 124
Ⅱ　申請ポータルサイトでアカウントを作成する …………… 125
　1　STEP1・2　申請ポータルサイトにアクセスしてメールアドレスを入力　　126

2　STEP3・4　認証コードを確認、入力してパスワードを設定
　　　　　　　　　　　　　　　　　　　　　　　　　　　　　127
　　3　STEP5　「アカウント」「パスワード」情報が記載されたメールを確認　*128*
　　4　STEP6　申請ポータルサイトにログイン　*129*

Ⅲ　事業者情報等を入力する …………………………………………… *130*

Ⅳ　申し込む審査を選択する …………………………………………… *133*

Ⅴ　審査申込み画面で情報を入力し、申請する ……………… *134*
　　1　STEP1　事業者・申込み情報・担当者・請求先情報の入力
　　　　　　　　　　　　　　　　　　　　　　　　　　　　　134
　　2　STEP2　本社・営業所情報の入力　*135*
　　3　STEP3　認証項目情報の入力　*137*
　　（1）代表者名・基準日の入力　*137*
　　（2）必須項目の自認チェック　*138*
　　（3）選択必須項目の自認チェック　*139*
　　（4）自由記述欄の入力　*140*
　　4　STEP4　参考項目の入力　*141*

Ⅵ　STEP5　提出書類のアップロード ……………………………… *142*
　　1　提出書類を用意する　*142*
　　2　提出書類をアップロードする　*143*

Ⅶ　STEP6　最終確認、申請 …………………………………………… *145*
　　1　入力内容を確認して申請する　*145*
　　2　申請完了後に行う操作　*148*
　　（1）受付完了の通知を確認し、審査料を入金する　*148*
　　（2）申請内容の修正・訂正や書類の追加提出を行う場合　*151*

Ⅷ　紙による申請を行う場合 …………………………………………… *152*
　　1　申請書類を入手する　*152*
　　2　申請書類に必要事項を記入する　*153*
　　3　提出書類に表紙を付ける　*166*
　　4　書類を郵送する　*173*

[第1章]
「働きやすい職場認証制度」って
どんな制度？

I 職場環境の改善に取り組む運送事業者を「見える化」する制度

　「働きやすい職場認証制度」は、運送事業者向けの認証制度で2019年に国土交通省により創設されました。正式名称は「運転者職場環境良好度認証制度」といい、自動車運転者（ドライバー）の労働条件や労働環境に関して評価・認証し、職場環境の改善に取り組む運送事業者を求職者に対して「見える化」し、運送事業者の人材確保を後押しすることを目的としています。

　この制度が創設された背景には、運送事業者における人材不足があります。

　自動車運転者のイメージは、長時間労働、休みがとれない、重労働で体力的にキツい、その上低賃金、というものです。こうしたイメージを払拭し、求職者が安心して運送事業者に就職できるようにするためには、自動車運転者の労働条件や労働環境の改善が必須だからです。

　また、国の政策である「働き方改革」では長時間労働の是正などが推進され、2024年4月からは自動車運転者に対しても時間外労働の上限規制が適用されています。同時に「自動車運転者の労働時間等の改善のための基準（改善基準告示）」も改正され、本制度の認証項目も改正後の法令及び改善基準告示に基づいています。

　本制度では、「一つ星」、「二つ星」、「三つ星」と3段階が設定されていて、運送事業者が、認証の取得を目指しながら、段階的に自動車運転者の労働条件や労働環境の改善に取り組める仕組みとなっています。

☑ **働きやすい職場認証制度とは？**

その1 働き方改革に積極的に取り組む自動車運送事業者を認証する制度

長時間労働の是正等の働き方改革に積極的に取り組む自動車運送事業者を認証することで、認証事業者は他との差別化を図れる。

その2 認証項目の達成状況に応じて「一つ星～三つ星」の3段階で認証

自動車運送事業者が段階的な認証基準を満たすために、様々な改善に取り組むことで自動車運転者にとって、働きやすい環境、労働条件を実現する。

その3 ホワイト経営の事業者を見える化し雇用促進や社員定着を図る

ホワイト経営の事業者を見える化することで、運転者不足が深刻化する自動車運送事業において求職者に対し、より働きやすい環境であることをアピールできる。

- ■一つ星：全事業者に取得していただきたい認証段階
- ■二つ星：「一つ星」を取得した事業者に目指していただきたい認証段階
- ■三つ星：「二つ星」を取得し、さらに高みを目指す事業者に取得していただきたい認証段階

Ⅱ 認証を取得するメリットとは？

認証を取得した事業者には、認証取得のインセンティブが設けられています。毎年度新たなインセンティブが加わっていますので、働きやすい職場認証制度の公式ホームページなどで確認するようにしましょう。

ここでは、2024年10月現在の主な内容を紹介します。

☑ 認証取得の主なインセンティブ

既に実施済み

1. ハローワーク
   - 求人票への認証マークの表示
   - 認証事業者に絞った求人検索が可能
   - 求人票作成、サイト掲載の際の支援、優遇措置あり
   - 公式のSNSを活用し、認証事業者の動画等を発信する活動
2. 求人サイト
   - 求人サイト上で、認証取得事業者の特集ページを掲載
   - 認証取得事業者に絞った検索への対応
   - 特別価格による求人掲載
3. 損害保険料
   - 労災上乗せ保険の保険料の割引
4. 設備改修工事
   - 水廻り関連改修や設備改修工事の料金割引

新たに実施

1. 監査（国土交通省）
   - 「二つ星」「三つ星」の認証事業者のうち対面による審査を行った営業所については、長期間、監査を実施していないことを端緒とした監査の対象から除外することができる規定が適用になる。

認証取得済事業者を対象としたインセンティブ

1. バス・タクシー関係
   - 二種免許取得支援など
2. トラック関係
   - テールゲートリフター導入支援
   - 予約受付システム等支援および大型免許取得支援など
3. 全体
   - 特定技能外国人受入れの上乗せ要件

※ 今後も追加予定。表示は、2024年10月時点内容

1 認証マーク

認証マークが使用できるようになります。

認証ステッカーを車両に貼ったり、名刺や自社のホームページに認証マークを表示したりして、自社の職場環境の良さを求職者や荷主企業にアピールすることが可能です。

☑　認証マーク

2　求人活動への活用

　認証制度制定の目的は、運転者が働きやすい職場環境作りに取り組む事業者を見える化し、求職者へ広く周知し、運送業界の人材不足解消に役立てることです。

　そのため、認証事業者が求人活動の際に活用できるように、ハローワークや認定推進機関の求人サイトでは、認証事業者に絞った求人検索が可能であるほか、求人票の作成やサイト掲載の際の支援や優遇措置が用意されています。

(1) ハローワーク

　求人票に認証マークを表示することが可能です。求人を出す際のコツとして、求人票の「特記事項欄」や「仕事内容欄」に認証に関する内容を記載するよう案内されています。

　また、ハローワークが実施する求職者向けの業種別セミナーに認証マークを表示して参加することもできます。

(2) 認定推進機関の求人サイト

　機関ごとにサービス内容は異なり、特集ページを設けていたり掲載料金の割引を行っていたりします。詳細は、働きやすい職場認証制度

の公式ホームページでご確認ください。

　また、事務局（一般社団法人日本海事協会）が希望する企業を訪問して認証事業者のドライバーインタビューやダンス動画などの撮影を行い、事務局の公式 Instagram や TikTok などの SNS により発信するなどの活動も行っています。

3　認定推奨機関が実施する各種サービスの利用

　認定推奨機関は、損害保険会社や求人サイトの運営会社など、事業者への制度の周知広報や助言指導等の業務を実施する機関として、認証実施団体である日本海事協会と国土交通省とが協議の上、認定しているものです。

　各社が認証取得事業者向けのサービスを展開しており、損害保険会社では保険料の割引き、設備改修工事会社では工事費用の割引きなどが受けられることがあります。詳細は、働きやすい職場認証制度の公式ホームページでご確認ください。

> 公式ホームページ認証取得メリット：
> https://www.untenshashokuba.go.jp/merit

4　国土交通省の監査

　二つ星（三つ星）の申請時に巡回チェックを希望した事業者のうち、巡回チェックを行った営業所では、長期間、監査を実施していないことを端緒とした監査の対象から除外することができる規定が適用になります。

5 外国人ドライバーの受入れ

　在留資格特定技能1号の対象分野が追加され（2024年3月29日閣議決定）、日本の運転免許の取得等を要件に、バス運転者、タクシー運転者、トラック運転者として働くことができるようになっています。

　この在留資格特定技能1号を持つ外国人ドライバーを受け入れる特定技能所属機関の要件として、認証を取得したこと等が求められています。

6 その他

　国土交通省の補助金（2023年度補正予算による）における優遇措置などがあります。詳しくは公式ホームページなどをご確認ください。

どうやって認証を取得するの？
～認証取得までの流れ

　働きやすい職認証制度では、各認証項目の達成状況に応じて3つの認証段階が設けられていて、一つ星の認証がないと二つ星の認証が申請できず、二つ星の認証がないと三つ星の申請できない仕組みとなっています。

　そのため、初めて認証制度を申請する際は、必ず、「一つ星」の新規申請から行います。

　認証の申請から認証取得までの流れは次のとおりです。

　申請し、審査料の入金が確認されると審査が開始されます。審査や登録に関する詳細は第1章で紹介します。

☑　**認証取得までの流れ**

1	認証取得準備の開始	年	2024年度									2025												2026							
		月	4	5	6	7	8	9	10	11	12	1	2	3	4	5	6	7	8	9	10	11	12	1	2	3	4	5	6	7	8

認証を取得しようと思ったら、1年間程度の準備期間を見ておきましょう！
自社の今までの取組みが認証項目の要件を満たしている場合は、すぐに申請手続きを行うこともできます！

準備①　申請対象となる営業所のリストアップ
・初めての申請の場合は、「一つ星」の申請になります。許認可の状況、自動車運転者の在籍の有無などを確認し、申請対象となる営業所をリストアップし、Excelなどの一覧表にまとめておきます。
・提出書類などの取り揃い状況や認証項目の達成状況などを、対象営業所ごとにチェックできるようにしておきましょう。
・2回目以降の申請の場合は、一つ星の継続申請と二つ星の新規申請のどちらを申請するのか、また営業所などの増設がある場合は、それも含めて、申請対象をリストアップします。

準備②　就業規則・36協定の届出状況を確認しておく
・就業規則、36協定は、申請の際の提出書類です。対象営業所ごとに労基署へ届出をしているか確認しておきます。
・法改正への対応や、認証項目の要件をクリアできる内容となっているかを確認します。
・就業規則の改正対応や認証項目をクリアできていない場合は、申請期間までに改定し、労基署への届出を済ませます。
・申請期間までに自社の36協定の届出時期が到来する場合は、認証項目をクリアできる設定とするかどうか検討し、労基署へ届け出ます。

| 準備③ | 現時点での認証項目の達成状況を確認し、不十分な場合、どんな取組みを行うのか検討・決定 |

- 認証項目の達成には、取組みの計画や実施が必要なものがあります（例えば、安全衛生委員会の開催や議事録の用意、人事面談の実施、教育・研修の機会の設定、新たな制度の創設など）。
- 年間を通じて計画、実施が求められる内容の項目については、申請前に取組みを開始しておくとよいでしょう。
- 申請前年の申請案内などで自社の認証項目の達成状況をチェックし、不十分な項目があれば、この準備期間に取組みを開始します。

2 申請概要の発表

年	2024年度									2025												2026							
月	4	5	6	7	8	9	10	11	12	1	2	3	4	5	6	7	8	9	10	11	12	1	2	3	4	5	6	7	8

毎年4月頃に、公式HPにて当該年度の認証制度の概要・詳細が発表されます。
電子申請とするか、紙での申請とするかを決めましょう！

3 申請受付期間

年	2024年度									2025												2026							
月	4	5	6	7	8	9	10	11	12	1	2	3	4	5	6	7	8	9	10	11	12	1	2	3	4	5	6	7	8

一つ星、二つ星の申請期間は、毎年7月～9月頃となります。準備がしっかりできていれば、いよいよ申請です！
電子申請とするか、紙での申請とするかを決めましょう！

申請① 審査の申請書類の作成（電子申請の場合は、申請サイトで入力し登録）

- 電子申請の場合は、公式HPで案内されているリンク先（運転者職場環境良好度認証制度支援システム（申請サイト））にて、アカウントを作成します。
- アカウントを作成したら案内に沿って情報を入力し、事業者情報や本社・営業所情報の登録をします。
- 紙での申請の場合は、申請サイトから申請書類をダウンロードし、審査申込書や本申請に係る本社・営業所一覧などを記載して作成します。

申請② 自認書の作成（電子申請の場合は、申請サイトで入力し登録）

- A～Fの認証分野の通し番号順に各項目を達成していると自認する場合は○を入れていきます。選択必須項目は、認証申請の対象営業所のすべてが該当する場合は「2点」、対象営業所の一部が該当する場合は「1点」に○を入れていきます。
- 電子申請は、入力画面の指示に従い、自認項目に✓を入れていきます。自由記載欄に記載が必要な部分があるので注意します。

申請③ 審査料の請求と支払い

- 審査申込みが完了し、申込内容が確認されると、審査料の請求書が発行されます。
- 電子申請の場合は、登録担当者のメールアドレス宛、紙申請の場合は、郵送で届きます。
- 請求書を確認したら、2週間以内に支払います。支払いが確認されないと、審査に進みません。

申請④ 提出書類の準備（電子申請の場合は、申請サイトにアップロードして提出）

- 電子申請の場合は、PDF形式で書類ごとに作成したファイルを申請サイトにアップロードします。
- 一部電子申請の場合は、提出書類のみ郵送で提出します。電子申請での申込完了時に送付状のダウンロードができます。
- 紙申請の場合、就業規則の写し、36協定などの提出書類6種類（詳細は35ページ参照）の郵送準備をします。

申請④ 審査の実施

- 申請内容に基づき審査が実施されます。
- この段階で、認証項目を満たすかどうかを判断するために、追加書類の提出要求があったり、改訂を求められたりすることがあります。
- 申請内容に疑義がある場合は、対面審査が実施されることがあります。

4 合格から登録まで

年	2024年度									2025												2026							
月	4	5	6	7	8	9	10	11	12	1	2	3	4	5	6	7	8	9	10	11	12	1	2	3	4	5	6	7	8

審査の合否が確定すると、審査結果の通知と合格した事業者には、登録料の請求書が発行されます。

登録 登録料の支払と登録証書の発行

- 登録料の請求書が届いたら、2週間以内に支払います。入金が確認されると登録証書が発行されます。
- 登録証書の有効期間は、原則2年間となります。

認証制度の概要①　〜認証の段階

　初めて申請する場合は「一つ星」からの申請となり、「一つ星」を取得しないと「二つ星」の申請はできませんし、「二つ星」を取得しないと「三つ星」の申請はできません。

　各段階の認証を取得すると、その有効期限は原則として2年間です。次の認証段階の取得を進めたい場合は、認証の取得後、翌年の申請期間から次の段階の申請を行うことが可能です。

　次の認証段階へ進まず同じ認証段階にとどまる場合も、自動更新はされないため、引き続き認証取得事業者でいるためには「継続申請」が必要となります。認証の有効期限が満了する前の申請のタイミングで次の認証段階へでの申請を行うか、同一段階で継続申請するかを決定してください。

　「一つ星」から「二つ星」の新規申請を行ったが、審査の結果、二つ星の認証基準を達成していなかった場合でも、「一つ星」の認証基準を達成していれば「一つ星」の認証事業者として認証されます。ただし、「一つ星」の継続申請で一つ星の認証基準を満たしていない場合は認証取消しとなりますので、注意しましょう。

☑ 認証段階について

認証段階について

- 認証の有効期間は、2年間
- 「二つ星」については、「一つ星」取得後最初に到来する申請期間から申請できる
- 「一つ星」の有効期間中に、「二つ星」を申請することが可能
- 「二つ星」等を申請して「二つ星」の申請基準に見合わない場合は、「一つ星」で認証する

Ⅳ　認証制度の概要①　～認証の段階

認証制度の概要② 〜対象事業者・対象事業所

1 対象事業者

認証対象となる事業者は、運送事業許認可の対象となっている以下の事業です。

同一事業者が、例えば、バスとタクシーなどの複数事業での申請を行う場合は、事業ごとに申請します。

業種		運送業許可	対象該否
トラック	貨物自動車運送事業	一般貨物自動車運送事業	○
		一般貨物自動車運送事業（特別積合せ）	○
		特定貨物自動車運送事業	○
		貨物軽自動車運送事業	×
	貨物利用運送事業	第一種貨物利用運送事業	×
		第二種貨物利用運送事業（貨物自動車を所有している実運送事業者に限る）	○
バス	旅客自動車運送事業	一般乗合旅客自動車運送事業	○
		一般貸切旅客自動車運送事業	○
		特定旅客自動車運送事業	○

業種		運送業許可	対象該否
タクシー	旅客自動車運送事業	一般乗用旅客自動車運送事業（法人）	○
		一般乗用旅客自動車運送事業（福祉限定）	×
		一般乗用旅客自動車運送事業（個人）	×

2 対象事業所

認証を申請する際に、対象となる事業所は、以下のとおりです。

（1）本社

運送事業の許認可がなくても必須です。

登記上のみで実態のない本社は対象外となります。

運転者の在籍がなくても申請が必要です。

（2）営業所

運送事業許認可の対象となっているすべての営業所が対象です。

Ⅵ 認証制度の概要③ 〜認証の単位

1 事業者（法人）単位での申請

　認証の単位は、原則として法人単位です。そのため、審査の対象に該当する営業所はすべて申請を行う必要があり、認証項目の達成状況によって申請する営業所と申請しない営業所を選んで分けることはできません。ただし、複数の都道府県に営業所を所有する事業者については、申請の負担を軽減するため、1つまたは複数の都道府県を選択して都道府県単位で申請することが可能です。

　また、「二つ星」の申請に関しては、事業者が都道府県を選択し、選択した都道府県単位での申請を行うことができます。

　継続申請を行う場合、認証取得時の営業所数から増減がある場合は、申請時に現状の営業所数で申請してください。

☑　**認証単位について**

> 認証単位　…原則として、事業者単位（法人単位）

※　複数の都道府県に事業所がある場合 ➡ 『都道府県単位』の申請が可能
- ✓「二つ星」を申請する都道府県で「一つ星」の認証を受けていること
- ✓「二つ星」新規申請＆「一つ星」新規申請、「一つ星」継続申請を都道府県単位で同時申請可能
  - ⇒「一つ星」と「二つ星」それぞれ別に申請すること。
  - ⇒ 審査料・登録料はそれぞれの申請について必要。
- ✓「一つ星」新規申請＆「一つ星」継続申請をいずれも行う場合
  - ⇒「一つ星」継続申請としてまとめての申請となる。

※　前回、都道府県単位で「一つ星」認証を受け、今回継続申請する際に、「一つ星」申請を受けていない営業所の追加申請が可能⇒「一つ星」申請をしたすべての都道府県で「一つ星継続申請」としてまとめての申請となる。

※　「二つ星新規」と「一つ星継続」を両方行い、すべての都道府県も審査結果が「一つ星認証」となった場合
⇒「一つ星認証」となったすべての都道府県で一つの認証単位となり、登録料も「一つ星」のみとなる。

2 都道府県単位での申請

都道府県単位で申請する場合も、選択した都道府県に所有する対象営業所はすべて申請しなければなりません（選択した都道府県に本社がない場合は、本社は含めません）。

(1)「二つ星」新規申請

「一つ星」の認証を受けている都道府県での申請が可能です。

(2)「二つ星」新規申請と未取得都道府県営業所の「一つ星」新規・取得済み都道府県営業所の「一つ星」継続申請

都道府県単位で同じ申請時期に申請することは可能ですが、「二つ星」と「一つ星」の申請は、それぞれで行う必要があります。

※ 審査料・登録料は、それぞれに必要となります。
※ 「二つ星」「一つ星」の両方を申請し、いずれの都道府県でも「一つ星」の認証結果となった場合は、申請したすべての都道府県で1つの認証単位となり、「一つ星」の登録料となります。

(3)「一つ星」継続申請と未取得都道府県営業所の「一つ星」新規申請

両方申請する場合は、「一つ星」の継続申請としてまとめて申請します。

(4)「一つ星」の継続申請に未認証の都道府県の営業所を追加して申請

都道府県単位で「一つ星」継続申請の際に、認証されていない都道府県の営業所を追加して申請する場合は、「一つ星」の継続申請としてまとめて申請します。

3 申請のパターン

　複数の都道府県にまたがって営業所がある法人が申請する場合、取得済みの都道府県と未取得の都道府県が混在する可能性があります。また、取得済みの営業所がさらに上の段階の認証取得を申請する可能性もあります。

　一つの法人で複数の申請を行う場合、2 (2) のように未取得都道府県営業所の「一つ星」新規と取得済み都道府県営業所の「一つ星」継続申請は、別々に申請するのではなく、まとめて「一つ星」継続申請として手続きをすることができます。

　公式ホームページの申請案内に掲載されている具体例を紹介します。

【例1】東京・埼玉・千葉・神奈川に営業所があり、都道府県単位で東京、埼玉の営業所が「一つ星」を取得しているケース

行いたい認証申請

- 東京都内・埼玉県内すべての営業所を対象に「二つ星」新規を申請
- 千葉県・神奈川県内すべての営業所を対象に「一つ星」を新たに申請

するべき認証申請

申請①「二つ星」新規 ┐
申請②「一つ星」継続 ┘ の2つの申請を同時に行う

※千葉県・神奈川県では「一つ星」未取得で他の都道府県で「一つ星」を取得済みの場合、「一つ星」継続として申請可能

※審査料・登録料は「二つ星」新規、「一つ星」継続それぞれに必要

都道府県	取得している認証段階	申請する認証段階		
	一つ星	一つ星新規	一つ星継続	二つ星新規
東京	○	−	−	申請①
埼玉	○	−	−	
千葉	未取得	(「一つ星」継続として申請)	申請②継続として申請可能	−
神奈川	未取得	(「一つ星」継続として申請)		−

【例2】東京・埼玉・千葉・神奈川に営業所があり、都道府県単位で東京、埼玉の営業所が「一つ星」を取得しているケース

行いたい認証申請

- ●東京都内すべての営業所を対象に「二つ星」新規を申請
- ●埼玉県内すべての営業所を対象に「一つ星」継続を申請
- ●千葉県・神奈川県内すべての営業所を対象に「一つ星」を新たに申請

するべき認証申請

申請①「二つ星」新規
申請②「一つ星」継続
の2つの申請を同時に行う

※「一つ星」新規は、「一つ星」継続に包含される
※審査料・登録料は「二つ星」新規、「一つ星」継続それぞれに必要

都道府県	取得している認証段階 一つ星	申請する認証段階		
		一つ星新規	一つ星継続	二つ星新規
東京	○	ー	ー	申請①
埼玉	○	ー	申請②	ー
千葉	未取得	(「一つ星」継続に含めて申請)	申請② 継続として申請可能	ー
神奈川	未取得	(「一つ星」継続に含めて申請)		ー

第1章 「働きやすい職場認証制度」ってどんな制度?

【例3】東京・埼玉・千葉・神奈川に営業所があり、都道府県単位で東京、埼玉の営業所が「一つ星」を取得しているケース

行いたい認証申請

- 東京都内・埼玉県内すべての営業所を対象に「一つ星」継続を申請
- 千葉県・神奈川県内すべての営業所を対象に「一つ星」を新たに申請

するべき認証申請

東京・埼玉・千葉・神奈川県内のすべての営業所を対象に、申請①「一つ星」継続として、まとめて申請可能

上記4都県ですべての営業所が対象となる場合、認証単位を事業者単位とすることも可能

都道府県	取得している認証段階	申請する認証段階		
	一つ星	一つ星新規	一つ星継続	二つ星新規
東京	○	ー	申請①	ー
埼玉	○	ー		ー
千葉	未取得	(「一つ星」継続に含めて申請)	申請①継続として申請可能	ー
神奈川	未取得	(「一つ星」継続に含めて申請)		ー

Ⅵ 認証制度の概要③ 〜認証の単位

【例4】東京・埼玉・千葉・神奈川に営業所があり、事業者単位で「一つ星」を取得しているケース

行いたい認証申請

- ●東京都内・埼玉県内すべての営業所を対象に「二つ星」新規を申請
- ●千葉県・神奈川県内すべての営業所を対象に「一つ星」継続を申請

するべき認証申請

申請①「二つ星」新規
申請②「一つ星」継続

　※審査料・登録料は「二つ星」の新規、「一つ星」の継続それぞれに必要
　※認証単位は、前回の事業者単位から都道府県単位に変更して申請

都道府県	取得している認証段階	申請する認証段階		
	一つ星	一つ星新規	一つ星継続	二つ星新規
東京	○	－	－	申請①
埼玉	○	－	－	申請①
千葉	○	－	申請②	－
神奈川	○	－	申請②	－

認証制度の概要④
～申請するために満たすべき要件

1 認証取得には認証項目の達成が必要

　本認証制度は、自動車運転者の労働条件や労働環境に関して評価・認証し、職場環境の改善に取り組む運送事業者を求職者に対して「見える化」し、運送事業者の人材確保を後押しすることを目的としています。

　そのため、認証取得には第3章で取り上げる認証項目を達成していることが求められます。「一つ星」から「三つ星」へと認証段階が上がるにつれて高いレベルの達成要件が設定されており、申請にあたっては法違反がないことや行政処分を受けていないことが前提とされています。

　なお、認証項目を達成できているかどうかの審査方法が、「一つ星」「二つ星」と「三つ星」とでは大きく異なります。「一つ星」「二つ星」では認証項目を達成できているかのチェックが中心ですが、「三つ星」では働きやすい職場実現のための方針、課題、目標、改善に向けた行動計画、体制などを記述した書類の提出が求められ、改善に向けたPDCA体制が評価の対象となります。

　そのため、以下、本書においては「一つ星」「二つ星」の認証取得を中心に解説します。

☑ 認証段階の考え方

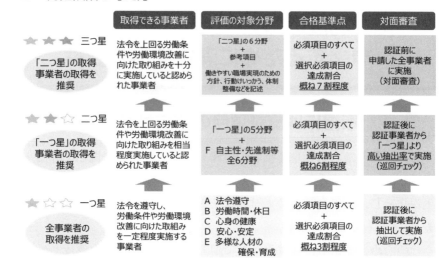

2 認証項目達成の前提となる要件

　申請の前提として満たすべき要件は下記のとおりです。②〜⑨については、基準日から遡る過去１年間の法令違反、行政処分等が対象となります。

　違反等の内容が軽微なもの、かつ適切な是正措置等がとられていると認められる場合は、申請が受け付けられる場合もあるため、審査委員会の事務局に相談しましょう。

① 運送事業の事業許可日を起点とし、事業許可取得後３年以上経過していること（注１）
② 労働基準関係法令違反に係る厚生労働省および都道府県労働局の公表事案として同省のホームページ掲載されていないこと
③ 労働基準法関係の違反で送検されていないこと。または、送検されたが不起訴処分不起訴処分または無罪となっていること

④ 使用者によって不当労働行為が行われたとして都道府県労働委員会から救済命令等を受けていないこと。または、中央労働委員会による再審査または取消訴訟により、救済命令等の取消しが確定していること
⑤ 道路運送法、貨物自動車運送事業法等に基づく行政処分の違反点数が 20 点を超えていないこと
⑥ 認証申請の対象営業所について、月の拘束時間（トラック・タクシー）、4 週間を平均した 1 週間当たりの拘束時間（バス）、または休日労働の限度違反に対する行政処分（注 2）による累積違反点数が 5 点を超えていないこと
⑦ 認証申請の対象営業所について、健康診断受診義務違反に対する行政処分による違反点数を受けていないこと
⑧ 認証申請の対象営業所について、社会保険等加入義務違反に対する行政処分による違反点数を受けていないこと
⑨ 認証申請の対象営業所について、最低賃金法違反に対する行政処分による違反点数を受けていないこと

（注1）事業許可取得後 3 年以上経過していない事業者でも、特別な事情がある場合は除く（企業グループの再編など事業許可取得後 3 年以上経過している事業者の就業規則等を継承し、運送事業を行っている場合など）
（注2）道路運送法、貨物自動車運送事業法等に基づく行政処分が対象

3 「基準日」の考え方

　認証の要件や各認証項目の達成状況を判断する際、「基準日時点」や「基準日から遡る過去 1 年間」など、対象となる時点や対象期間が定められています。
　「基準日」は、申請を行う月の前月の任意の日を、申請する事業者が決定します。

例）2025 年 7 月 10 日に申請を行う場合
　●基準日　→　2025 年 6 月 1 日〜30 日の任意の日
　　　　　　　（2025 年 6 月 15 日に決定）
　●対象期間　→　2024 年 6 月 16 日から 2025 年 6 月 15 日
　　　　　　　　（2025 年 6 月 15 日から遡る 1 年）

認証取得にかかる費用は？
～審査料・登録料

　審査の申込みを行い、申請が受け付けられると、認証実施団体から審査料の請求があります。審査料の入金が確認されると、審査が開始となります。

　申請方法には次の3種類ありますが、電子申請で申請すれば費用も抑えられることから、第5章では電子申請を中心に、申請の流れを解説しています。

紙申請	・申請書類をホームページからダウンロードし、必要事項を記入 ・申請書類と「提出書類」を郵送
一部電子申請	・ホームページにアクセスし、申請システム上で必要事項を入力・申請 ・「提出書類」を郵送で提出
電子申請	・ホームページにアクセスし、申請システム上で必要事項を入力・申請 ・「提出書類」をPDF形式で申請システムにアップロード

　審査料・登録料は、次ページのとおりです（別途消費税がかかります）。営業所が複数ある場合は、本社を除いて、営業所1カ所につき3,000円が加算されます。

☑ 審査料・登録料

審査料

申請方法		一つ星 新規	一つ星継続申請	二つ星新規申請
紙申請	すべて郵送で提出 ・申請書類をHPからダウンロードし、必要事項を記入 ・申請書類と「提出書類」を郵送	50,000円		
電子申請	すべて電子で提出 ・認証制度のHPにアクセスし、申請システムで必要情報を入力・申請 ・「提出書類」については、PDF形式で申請システムにアップロードする	30,000円	15,000円	30,000円
一部電子申請	提出書類のみ郵送で提出 ・本認証制度のHPにアクセス、申請システム上で必要情報を入力・申請 ・「提出書類」は、本会へ郵送する	50,000円	50,000円	50,000円

※ 複数の事業所を申請対象とする場合・・・ ＋3,000円×営業所数（本社除く）

登録料・登録証書の発行

登録料	一律 60,000円 （有効期間に重複期間が1年以上生じる場合、30,000円を差し引く） ※ 複数の事業所を申請対象とする場合・・・ ＋5,000円×営業所数（本社除く）	
登録証書の発行	登録証書の新規発行手数料	登録料に含む
	登録証書の内容変更 ※ 事業所名変更、住所変更等審査を伴わない変更 ※ 審査にかかわる変更の場合は、審査料が必要	1通につき 10,000円
	登録証書の写し発行費用	1通につき 5,000円

（注）上記の金額には消費税を含まない

［第2章］
審査から登録までの流れを
確認する

I 登録までの認証プロセス

　申請から登録までの認証プロセスは、次の図のとおりです。申請は受付期間に行う必要があります。具体的なスケジュールは公式ホームページにてご確認ください。

☑　認証プロセス

| ① 申請書類等を準備の上、審査の申請 | ……事業者 |

| ② 申請受付・審査料の請求 | ……事務局 |

| ③ 審査料の振込み（2週間以内） | ……事業者 |

| ④ 審査の実施
・事前スクリーニング
・書面審査
・審査委員会における審査結果の審議
・運営委員会による承認 | ……事務局 |

必要に応じて追加書類の提出要求および認証前の「対面審査」を実施

| ⑤ 審査結果の通知・登録料の請求 | ……事務局 |

※合格の場合

| ⑥ 登録料の振込み | ……事業者 |

登録証書の発行・送付（HP上での公表など）　……事務局

Ⅱ 申請に必要な書類は？

申請に必要な書類は、「申請書類」と「提出書類」です。

1 申請書類

申請書類は、次の3種類です。
① 審査申込書（様式A）
② 本社・営業所一覧（様式B）
③ 自認書（様式C）

第1章で述べたとおり、紙（郵送）で申請する場合は公式ホームページから様式をダウンロードして必要事項を記載しますが、電子申請の場合はホームページから申請システム（申請ポータルサイト）にアクセスして必要事項を直接入力します（申請の詳細は第5章をご覧ください）。

2 提出書類

提出書類は、認証項目で規定されている就業規則など以下の6種類です。電子申請の場合は、PDF形式で申請ポータルサイトにアップロードする形で提出します。紙申請もしくは一部電子申請の場合は、郵送します。

（1）就業規則の写し

就業規則は、10人以上の従業員が在籍する営業所ごとに管轄の労働

基準監督署に届出を行っていると思います。提出書類としては、労働基準監督署へ届出済みであり、受付印のある就業規則の写しが必要です。

●申請するすべての営業所の就業規則、変更届の写し
- ☑ 申請するすべての営業所で内容が同じ場合は、本文の写しは直近のものを1通のみ提出し、労働基準監督署の受付印の押印があるページは申請するすべての営業所のものを用意
- ☑ 自動車運転者が適用対象のものを提出。付属規程は必要なし
- ☑ 変更届のみの提出は不可
- ☑ 年5日の有給休暇取得義務化が反映されていること

●労働基準監督署に届出済みで労働基準監督署の受付印のあるもの
- ☑ 従業員数10人未満の場合は、届出印がなくてもOK
- ☑ 郵送等で届出を行っており、監督署の受付印がない場合はその旨を記載

●就業規則の一括届出を行っている場合
- ☑ 一括届出を行った事業所の「届出事業場一覧表」の写しを提出（電子申請の場合は、作成したリストの写し）

(2) 36協定の写し

ここでいう「36協定」とは、時間外・休日労働に関する労使協定と締結事項について労働基準監督署に届け出る協定届のことです。時間外・休日労働の対象となる従業員の範囲や法定労働時間を超えて延長させることができる具体的な時間等は、協定届に記載がなく、労使協定書のみに記載されていることが多いため、提出時には、労使協定書もあわせて提出します。

> ●申請するすべての営業所の時間外・休日労働に関する協定届（36協定届）の写し
> ☑ 自動車運転者を対象としたもの（2023年度中に届け出た場合、様式第9号の4）
> ☑ 労使協定書も提出が必要
> ☑ 申請するすべての営業所ごとに必要
> ☑ 一括届出を行っている場合は、労働基準監督署に提出した「届出事業場一覧表」の写し（電子申請の場合は、作成したリストの写し）
>
> ●労働基準監督署に届出済みで労働基準監督署の受付印のあるもの
> ☑ 基準日または申請日時点で有効であること
> ☑ 郵送または電子申請等の届出により、監督署の受付印がない場合は、その旨記載
> ☑ 事業者および労働者代表の名前が明記されていること
>
> ●労使協定書の写し
> ☑ 協定届が労使協定を兼ねている場合は不要

（3）労働条件通知書（または雇用契約書）の写し

入社の際、使用者から労働者への明示が義務付けられている労働条件を通知する書面です。雇用契約書は、その労働条件に関して、労使双方で署名・捺印し合意をしたものです。

> ●自動車運転者が対象となっているものが必要
> ☑ 全社で同じ書式を使用している場合は任意の営業所の分が、営業所により書式が異なる場合はそれぞれの営業所の分が必要

- ☑ 法令で定める必要明示事項が記載されていること
- ☑ 労働者名のあるもの
- ☑ 過去1年に入社した労働者のものを提出。過去1年内に入社した者がいない場合は、1年以上前の直近の入社した労働者のもの。これまでに入社した労働者がいない場合には、法令に即して作成したひな型を提出

（4）安全衛生委員会等関連書類の写し

　労働安全衛生法では、常時使用する労働者が50人以上の営業所等では、安全衛生委員会等の法定委員会の設置と毎月1回の委員会の開催が義務付けられています。また、法定委員会の設置が義務付けられていない常時雇用する労働者が50人未満の営業所については、「安全衛生に関する事項について、従業員に意見を聴く機会を設けること」が義務付けられています。

　「意見を聴く機会」については、通常行われる会議や会社側が一方的に安全衛生に関する事項を連絡するような内容ではなく、従業員からの意見や要望が経営者に伝わる内容で実施されているものであり、議事録も必要となります。

☑　安全委員会、衛生委員会を設置しなければならない事業場

常時使用する労働者数	トラック	バス	タクシー	必要書類
50人未満	（法定委員会の設置義務なし）従業員の意見を聴くための機会を設けること			直近1回分の従業員の意見を聴くための機会を設けたことがわかる議事録
50人以上100人未満	衛生委員会			直近1回分の法定委員会の議事録 委員会の構成員一覧
100人以上	安全委員会 衛生委員会	または安全衛生委員会		

① 常時使用する労働者が50人以上の営業所がある場合

●直近1回分の法定委員会の開催議事録
　☑　日時、場所、労使双方の出席者の記載があること
　☑　申請営業所ごとに必要

●委員会の構成員一覧または委員会の構成員が記載された体制表
　☑　法令による選任者、議長（委員長）、会社側委員、従業員側委員が記載されていること
　☑　申請営業所ごとに必要

　複数の営業所で合同開催している場合は、合同開催であることがわかるように、合同開催の営業所名や委員の所属営業所名を記載します。

② 常時使用する労働者が50人未満の営業所がある場合

> ●直近1回分の従業員の意見を聴く機会を設けたことがわかる議事録
> ☑ 日時、場所、労使双方の出席者の記載があること
> ☑ 申請営業所ごとに必要

　複数の営業所で合同開催している場合は、合同開催であることがわかるように、合同開催の営業所名や参加者の所属営業所名を記載します。

　国土交通省の指導・監督指針に基づく乗務員教育、研修、指導のみの機会および業務打合わせ等の書類は、目的が異なるため、提出書類として不適です。

(5) 定期健康診断結果報告書の写し

　常時50人以上の労働者を使用する企業には、定期健康診断結果報告書を労働基準監督署に届出することが労働安全衛生法で義務付けられています。

　ここでは、労働基準監督署への届出様式第6号の控えの提出が求められています。50人未満の営業所については、提出する必要はありません。

> ●直近1回分の「定期健康診断結果報告書（様式第6号）」の写し
> ☑ 労働基準監督署の受付印があること（郵送・電子申請で受付印がない場合は、その旨および届出日を記載）
> ☑ 個人の健康診断の結果は、提出しないこと
> ☑ 申請営業所ごとに必要

(6) 事業改善報告書の写し

行政処分の違反点数を受けている事業者のみ対象となります。

●**事業改善報告書や改善計画書の写し**
- ☑ 基準日から遡って過去1年間の行政処分すべてが対象（文書警告は除く）
- ☑ 停止車両日数や違反点数の内訳が確認できる書類の写し（輸送施設の使用停止および付帯命令書等）
- ☑ 事業改善報告書が運輸局に受理されていない場合は、提出検討中の文書等

Ⅲ 審査はどのように行われる？

1 事前スクリーニング

　審査料の入金確認後、認証項目の審査の前に、事前スクリーニングが行われます。

　事前スクリーニングにおいて、以下のいずれかに該当する場合は、この時点で申請キャンセルまたは不合格となります。

① 審査料が支払われないとき
② 認証実施団体と事業者との間に、公平性への脅威となる、容認できない利害関係があることが判明したとき
③ 事業者による重大な法令違反等、社会的に理解が得られない事業活動実績が確認されたとき
④ 事業者が故意の虚偽説明を行っていた事実が判明したとき

2 書面審査

　書面審査は、認証の合否判定のメインとなる部分で、事前スクリーニングに合格すると実施されます。

　審査申込書（様式A）、自認書（様式C）および提出書類について行われ、書類を審査し、認証項目を満たさない事項などがあれば、改訂や追加書類の提出を要求する連絡があります。指定された方法で期間内に修正を行い、内容が充足すれば認証されますので、指示に従い修正を行いましょう。

(1) 自認書

　各認証項目について、必要な要件や取組みを達成していることについて、電子申請の場合は申請画面で、書類申請の場合は自認書（様式C）上で、申請者が、自ら各認証項目を達成していることを表明して申請します。

(2) 保管書類

　認証項目の多くは自認によりますが、その達成状況や取組み状況を証明するものとして、認証の有効期間中、保管が求められている書類等があります。対面審査や認証取得後の巡回チェックの対象となった場合には、認証項目の充足を確認するため保管資料等の確認が行われます。認証項目の達成状況を確認しながら、準備をして取りまとめておくとよいでしょう。

3 対面審査

　対面審査は、「一つ星」と「二つ星」の申請で、事前スクリーニングと書面審査を行う際に、申請内容に疑義があった場合に行う対面の審査です。

登録はどのように行う？

1 登録証書の発行等

審査が終了し、審査委員会での審議で承認されると合格となり、審査結果通知書が送付されます。そして、認証基準を満たし合格している場合は、登録料の請求が行われます。

登録料の入金が確認されると、登録証書が発行されます。

登録証書の有効期間は、原則2年間です。

☑ 登録証書の発行

> 登録証書の新規発行手数料：登録料に含む
> 登録証書の内容変更：1通につき 10,000 円（注）
> 登録証書の写し発行費用：1通につき 5,000 円
> 　（注）　事業所名変更、住所変更等審査を伴わない変更の場合の金額です。
> 　　　　審査に関わる変更の場合は、審査料が必要となります。

2 巡回チェック

巡回チェックは、登録証書の発行後に行われる認証取得後のチェックです。巡回チェックの対象となる事業者は一定の割合で抽出されるため、すべての事業者に行われるわけではありません。

ただし、「二つ星」の申請事業者は申請時に巡回チェックを希望することができます。これは、国土交通省の定める認証取得のインセン

ティブにより巡回チェックを行った事業者については、長期間「監査」を行っていなかったことを理由とした「監査」の対象から除外されることとなっているためです（第1章Ⅱ 12ページ参照）。除外の適用となる期間は、巡回チェックの結果を認証事業者に通知した日から2年間となります。

●巡回チェックの目的
→ 認証制度の信頼性を確保するために行われる

●巡回チェックの方法・内容
実施場所……原則として、選定された事業者の事業所で実施
実施内容……保管書類等の確認、事業者（および運転者）へのヒヤリングの実施
運転者の労働時間・休日取得の実態、法令遵守状況等の確認

巡回チェックは事前に連絡があり、日程を調整の上、認証を受けている事業所で行われます。

保管書類等については、認証項目に沿って、紙資料の内容確認の他、データ画面の確認なども一つひとつ行われます。例えば、36協定など申請時点から有効期間等が更新されているものについては、巡回チェック実施時点での最新の更新状況が確認されます。

また、保管書類の中から複数名の運転者の資料をピックアップし、労働時間や休日取得に関する実態や法令への遵守状況がチェックされます。

基準日以降に基準を満たさなくなっている認証項目があると、是正措置または追加書類の提出が必要となることがあります。

3 認証の取消し

せっかく認証を取得しても、次のいずれかに該当した場合、認証が

取り消されてしまいます。自ら認証の取消しを申し出た場合を除いて、取消しが決定された日以降に最初に到来する申請期間に認証を申し込むことはできなくなり、各種インセンティブも受けられなくなります。

> ① 登録証書の有効期限内に認証事業者から認証辞退の申出があったとき
> ② 認証の前提となった申請書類の記載内容、対面審査または巡回チェックの際に確認した資料または事業者からの説明が事実と異なることが判明し、認証基準を満たさなくなったとき
> ③ 認証の前提となった申請書類の記載内容、対面審査又は巡回チェックの際に確認した資料または事業者からの説明が事実と異なる疑いが生じた場合において、認証実施団体からの質問や資料の提出依頼、対面審査または巡回チェックへの対応依頼に対し、期限までに求められた対応を行わなかったとき
> ④ 対面審査または巡回チェックの実施に協力しないとき
> ⑤ 登録証書の有効期間内に認証基準を満たさなくなったとき
> ⑥ 認証が不正確に引用されたり、登録証書および審査結果通知書が誤解を招くような方法で使用されたりしたとき、または本会の定めた認証マークの使用基準が守られないとき

この取消しには、猶予期間が設けられています。

認証付与後に行政処分を受けた場合や、その後の状況の変化等により認証基準を満たさなくなっている状況が確認された場合、適切な是正措置がとられていることを書面で確認でき、また是正措置の確認のため追加で行うフォローアップ審査の際に必要な措置が講じられていれば、即時の認証取消しは行われません（違反点数20点（200日車）を超える重大な行政処分を受けた場合および虚偽申請が明らかになった場合を除きます）。

[第3章]
認証項目と達成ポイントを
確認する

I 「一つ星」・「二つ星」の認証項目

1 認証項目は6つの対策分野に分かれている

　本認証制度では、事業者の行う自動車運転者に対する労働条件や労働環境に関する対策や取組み状況を評価・認証し、認証項目を達成できているかによって合否の判定が行われます。

　認証項目はA～Fの6つの対策分野に分かれており、通し番号が振られています。認証を獲得するためにはすべての認証項目の条件を満たす必要がありますが、F「自主性・先進性等」は「一つ星」では合否には関係しない参考項目となっていて、「二つ星」のみ達成が必要となります。

　参考項目は、認証の合否には関係しませんが、事業者のさらなる取組みを促す目的などから設定されています。

　6つの対策分野と「一つ星」「二つ星」の認証項目数は、以下のとおりです。

☑ 認証項目と配点項目の基準点数

	分野	認証項目数	通し番号	配点	「一つ星」基準点数	「二つ星」基準点数
A	法令遵守等	9項目	—	—	—	—
B	労働時間・休日	5項目	11	22点	6点以上	12点以上
C	心身の健康	4項目	18	12点	6点以上	8点以上
D	安心・安定	トラック・バス 8項目 / タクシー 10項目	21	12点	4点以上	8点以上
E	多様な人材の確保・育成	1項目	29	16点	6点以上	10点以上
F	自主性・先進性等	1項目	30	トラック 10点 / 貸切バス 8点 / 乗合バス 6点 / タクシー 6点	—	トラック 6点 / 貸切バス 5点 / 乗合バス 4点 / タクシー 4点

配点項目については、「二つ星」の基準点数が大幅にＵＰ！
「一つ星」に比べると「二つ星」のハードルは、かなり高くなっています！

2 認証項目の見方

　上の表のA～Fの各対策分野は数項目の認証項目で構成されていて、各認証項目には条件が一つだけの項目と複数の小項目がある項目（選択必須項目）とがあります（各認証項目の詳細は第4章をご覧ください）。

　一つだけの項目は、項目ごとにすべて満たす必要があります。選択必須項目では、小項目ごとに必要な基準点数が決められているので、各認証段階の基準点数を満たす必要があります。基準点数以上を獲得すると、その1項目が達成できる仕組みとなっています。そして、「一つ星」、「二つ星」それぞれの必須項目についてすべて達成すると、認証を獲得することができます。

　「一つ星」の獲得に必要な項目はA～Eの5分野の全項目で、トラックとバスが27項目、タクシーが29項目となります。「二つ星」の獲得には、F「自主性・先進性等」の1項目が必要項目として加わるため、トラックとバスは28項目、タクシーは30項目が必須項目となります。

3 配点と基準点数

　必須項目と選択必須項目の違いは、必須項目は達成していなければ認証を獲得できないのに対し、選択必須項目は得点制だという点です。
　上記のとおり、選択必須項目では小項目ごとに必要な基準点数が決められており、各認証段階の基準点数を満たす必要があります。
　つまり、選択必須項目で得点できなければ、認証は獲得できません。小項目には基準点を獲得しやすい項目と難易度の高い項目とがありますが、実施している取組みが多ければ多いほど、より多く得点できることとなりますので、達成ポイントを後述します。

4 「一つ星」と「二つ星」の違い

　「一つ星」と「二つ星」の違いは、上記 1 のとおり、F「自主性・先進性等」の達成が合否の判定に関係するか否かという点と、選択必須項目の配点基準です。「二つ星」では必要となる基準点数が大きくアップします。
　例えば、49ページの表のとおり、Bでは「一つ星」の基準点数が6点なのに対し、「二つ星」では12点と、2倍にアップしています。
　つまり、「二つ星」を獲得するためには、選択必須項目の小項目にできるだけ多く取り組み、より多くの点数を獲得する必要があると言えます。

II 各対策分野の達成ポイント

1 各対策分野の特徴と達成ポイント

　認証獲得にはすべての認証項目の条件を満たす必要がありますが、数が多いため、まず大まかに対策分野ごとにどんな取組みを実施していればよいのかを確認しましょう。

　基準点数をクリアしなければならない選択必須項目の数やその小項目の数は、それぞれの対策分野で異なりますが、いずれも基準点を獲得しやすい項目と難易度の高い項目があります。会社によって取りやすい項目が異なるため、現時点で達成しているものがあるかを確認した上で、さらなる取組みとしてどんなことが可能なのか、検討するとよいでしょう。

(1) 対策分野A「法令遵守等」(通し番号1～9)

特徴	・すべてが必須項目 ・法令の遵守状況、就業規則や36協定（時間外・休日労働に関する協定）の届出状況の確認など基本的事項で構成 ・認証を申請するための基本的要件とも共通する内容
達成ポイント	☑　行政処分の基準が強化されており、処分の基準となる労働時間、健康管理等の違反（がないこと）は、他の認証項目でも達成が必要 ☑　労働条件通知書の交付と説明では、採用時に口頭で説明し、書面がないケースが多いので労務トラブルの予防対策としても早急に作成・交付する

(2) 対策分野B「労働時間・休日」(通し番号10〜14)

特徴	・労基法に定める労働時間や休日、年次有給休暇などに関する法令の遵守状況のほか、改善基準告示(自動車運転者の労働時間等の改善のための基準)の遵守状況を確認 ・2024年度から2項目増(詳細は後述) ・通し番号11は選択必須項目で11の小項目に分かれており、基準点数以上を満たすとこの項目を達成できる
達成ポイント	☑ 通し番号11の達成では、すべての小項目の達成が要件ではないため、自社の今までの取組みの中で既に実施している項目や、実施を開始できそうな項目がないかを確認する ☑ 土日が原則休みなど、週休2日制としている会社は得点可能 ☑ 変形労働時間制で、年間休日数を105日以上としている会社は得点可能

(3) 対策分野C「心身の健康」(通し番号15〜18)

特徴	・身体の健康に関する管理状況の他、メンタル不調やハラスメントの防止対策など、心身の健康に関する管理や取組みの状況を確認 ・3つの必須項目(通し番号15〜17)と1つの選択必須項目(通し番号18)がある
達成ポイント	☑ 通し番号18の6つの小項目から6点以上を取る必要があり、会社によって取りやすい項目が違うため、現時点で達成しているものがあるかを確認 ☑ 全ドライバーを対象に人事面談を行ったら、記録を取っておく ☑ ハラスメント対策としての相談窓口・担当者の設置は、就業規則等に明記しておく ☑ 相談窓口・担当者等の設置内容・連絡先は社内に掲示する

(4) 対策分野 D「安心・安定」(通し番号 19〜28)

特徴	・保険の加入や定年・採用に関する事項に関する取組みの状況を確認 ・賃金(最低賃金や割増賃金の支給状況など)に関する取組みの状況を確認 ・運転者が安心・安定して働ける制度等に関する取組みの状況を確認 ・通し番号 21 は選択必須項目で、合計 4 点以上(一つ星)、8 点以上(二つ星)が必要
達成ポイント	☑ 最低賃金法に違反していないかには、歩合給の単価も入れられる ☑ 保障給の算定方法は、就業規則への明記が必要 ☑ 通し番号 21 の補償制度は、福利厚生制度として採用＆定着に有効 ☑ 通し番号 21 の「65 歳を超えても働ける制度」には、ルールや要件に関する労使間での検討、継続雇用規程の策定・労使協定の締結などが必要

(5) 対策分野 E「多様な人材の確保・育成」(通し番号 29)

特徴	・運転業務を初めて行う方への資格取得支援や、女性ドライバーの活用や育児や介護などを行う方など多様な働き方を想定した勤務制度の導入状況などを確認 ・通し番号 29 は選択必須項目で、8 つの小項目から合計 6 点以上(一つ星)、10 点以上(二つ星)が必要
達成ポイント	☑ 資格取得の支援制度は、支援の具体的内容(対象者・費用の負担・勤怠の取扱いなど)を規程に明記する ☑ 男女別の更衣室やトイレ、育児中の特別シフトなどがあり、運転者のニーズを捉えつつ、自社で取り組める制度を検討する

(6) 対策分野Ｆ「自主性・先進性等」（通し番号 30）

特徴	・業務軽減の取組み、労働環境の改善、他の認証制度の取得状況などを確認 ・通し番号 30 は６つの小項目で合計６点以上必要（「二つ星」のみ）
達成ポイント	☑ すべての小項目の達成が要件ではないため、自社の今までの取組みの中で既に実施している項目や、実施を開始できそうな項目がないかを確認する

2 認証項目達成のために押さえておきたい法的ルール

　各認証項目は、①労働基準法、②最低賃金法、③労働安全衛生法、④賃金の支払の確保等に関する法律の４法令で定められたルールに即して設けられています。

　例えば、①労働基準法に定める年間の時間外労働の上限を 960 時間とする時間外労働の上限規制は、2024 年４月より自動車運転者にも適用されることとなりましたが、認証項目の達成にはこうしたルールも確認しておくとよいでしょう。ここでは、特に重要なものを取り上げます。

(1) 自動車運転者の時間外労働の上限規制

　働き方改革に関する法改正により、2020 年４月から時間外労働の上限規制が中小企業でも適用されています。

　法改正後の時間外労働の限度時間は、36 協定が締結されている場合でも、原則、１カ月 45 時間、１年 360 時間（１年単位の変形労働時間制を採用する場合は、１カ月 42 時間、１年 320 時間）です。改正前

は、特別条項付きの労使協定を締結することでこの限度時間を超えて時間外労働を行わせることができましたが、改正法の施行によって特別条項付きの労使協定を締結した場合であっても年間時間外労働の上限は720時間となりました。

しかし、自動車運転者にはこの上限規制は適用されていませんでした。上記よりも長い時間外労働時間とすることが認められ、具体的なルールを定めた改善基準告示によって労働時間に関する行政指導が行われていましたが、長時間労働を起因とする脳・心臓疾患による労災支給決定件数が全業種で最も多い、といった問題がありました。

そのため、まずは改善基準告示で定める時間内に時間外労働時間を低減させることが先決とされ、2020年4月からの時間外労働の上限規制の適用が猶予されていたのです。

しかし、2024年4月よりこの適用猶予措置が廃止され、自動車運転者に対しても、年間の時間外労働の上限を960時間とする規制が適用となりました。

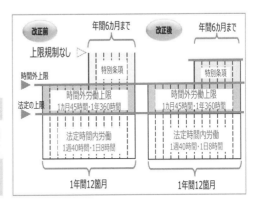

II　各対策分野の達成ポイント

この年間960時間には休日労働時間は含まれず、原則の月45時間を超える回数を年間6回までとする規制や、1カ月単月での上限を100時間未満とする規制や2～6カ月の月平均で80時間以内とするといった規制は、今のところはありません。ただし、将来的には、自動車運転者に一般則を適用することについても、引き続き検討していくとされています。

(2) 改善基準告示

　改善基準告示（「自動車運転者の労働時間等の改善のための基準（平成元年労働省告示第7号。最終改正令和4年厚生労働省告示第367号）」）とは、自動車運転者の労働時間等の労働条件の向上を図ることを目的とし、自動車運転者の拘束時間や運転時間等についての基準を定めた大臣告示です。

　2024年4月の改正により、1カ月や年間の拘束時間の上限や休息期間のルールなどが変更されています。

　例えば、トラック事業者については、1カ月の拘束時間の上限は284時間です。ただし、同時に1年の上限としては3,300時間以内という基準もあるため、実際には、年間の上限を遵守するために「1カ月平均275時間」を意識しておく必要があります。

　労使協定の締結により、1年の拘束時間の上限を3,400時間以内とし、その範囲内で年間を通じての繁閑に応じて、繁忙月には1カ月の拘束時間の上限を最大310時間以内（年6カ月まで。284時間超は連続3カ月以内まで）とすることが可能ですが、閑散月に拘束時間を減らす設定が必要なので、自社の繁閑にあわせた設定と運用をするようにしましょう。

改善基準告示 ※労使協定締結による例外あり

1カ月の拘束時間の限度			休日労働の限度
トラック		1カ月284時間以内	休日労働は2週間に1回を超えない
タクシー	日勤	1カ月288時間以内	
	隔勤	1カ月262時間以内	
バス（貸切・乗合）		1カ月281時間以内 4週平均1週65時間以内	

運送事業者は、『**労働基準法**』上の時間管理を求められるだけでなく、『**改善基準告示**』上の時間管理との**2つの時間管理**をしっかり行っている必要があります。

勤怠ソフト？タイムカード？
デジタコなどの機器から？

2024年4月の改善基準告示改正により1カ月の拘束時間の上限は、短くなっています！

☑ **トラックの「改善基準告示」見直しのポイント**

	2024年3月31日まで	2024年4月1日以降
1年の拘束時間	3,516時間以内	原則：3,300時間以内 例外（※1）：3,400時間以内
1か月の拘束時間	293時間以内 労使協定により、年6か月まで320時間まで延長可	原則：284時間以内 例外（※1）：310時間以内（年6か月まで）
1日の休息時間	継続8時間以上	原則： 継続11時間以内時間与えるよう努めることを基本とし、9時間を下回らない 例外： 宿泊を伴う長距離貨物運送の場合（※2）、継続8時間以上（週2回まで） 休息期間のいずれかが9時間を下回る場合は、運行終了後に継続12時間以上の休息期間を与える

※1 労使協定により延長可（①②を満たす必要あり）
　① 284時間超は連続3か月まで。
　② 1か月の時間外・休日労働時間数が100時間未満となるよう努める。
※2 1週間における運行がすべて長距離貨物運送（一の運行の走行距離が450km以上の貨物運送）で、一の運行における休息期間が住所地以外の場所における場合

- 拘束時間…使用者に拘束されている時間のこと。（「労働時間」＋「休憩時間」）
  （会社へ出社（始業）し、仕事を終えて会社から退社（終業）するまでの時間）
- 休息期間…使用者の拘束を受けない期間のこと。（業務終了時刻から、次の始業時刻までの時間）

（出典）厚生労働省「自動車運転者の長時間労働改善に向けたポータルサイト」

（3）最低賃金

　自動車運転者の賃金は、時間給・日給・月給など様々な方法で支給されますが、それぞれ最低賃金の額以上であることが必要です。以下の方法で確認します。

☑　**最低賃金額との確認方法**

『最低賃金』を確認する際の単価の計算式は？

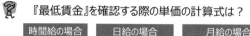

『最低賃金』を確認する際に算入しない手当は？

① 臨時に支払われる賃金（結婚手当など）
② 1カ月を超える期間ごとに支払われる賃金（賞与など）
③ 時間外割増賃金など（所定労働時間を超える時間の労働に対して支払われる賃金）
④ 休日割増賃金など（所定労働日以外の日の労働に対して支払われる賃金）
⑤ 深夜割増賃金など（午後10時から午前5時までの間の労働に対して支払われる賃金のうち通常の労働時間の賃金の計算額を超える部分）
⑥ 精皆勤手当、通勤手当および家族手当

☑　**計算事例**

『最低賃金』をクリアできているかは、どのように確認すればいいですか？

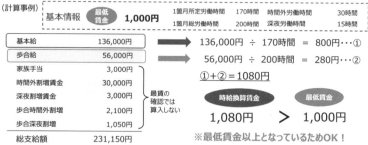

『最低賃金』を確認する際には、『歩合給』の単価をあわせて確認します！

[第4章]

認証項目ポイント解説

I 選択必須項目での得点が認証取得のカギを握る

1 必須項目と選択必須項目の違い

第3章で述べたとおり、認証項目には必須項目と選択必須項目があります。必須項目と選択必須項目とでは、項目の要件を満たしているかの判定のしかたが異なり、必須項目では次の3つのいずれかにより達成できているか否かの判定が行われ、達成による得点の獲得はありません。
① 法人全体
② 認証申請の対象となるすべての営業所
③ 対象営業所の一部

選択必須項目では、要件達成により得点を獲得でき、獲得点数はすべての営業所で達成しているか一部の営業所のみ達成しているかにより異なります。すべての営業所で達成しているほうが多く得点することができます。

2 選択必須項目の得点を確認し、基準点獲得を目指す

認証取得には、対策分野B〜Fの選択必須項目で基準点以上の得点が必要となるため（対策分野Fは二つ星の審査のみに適用）、まずは62ページからの認証項目・配点一覧表を見て現時点で何点獲得できるかを確認し、右の表に書き込んでみましょう。

基準点を満たさない項目がある場合は、一部の営業所で実施している取組みを全営業所へと展開したり、新たに実施可能な取組みを検討したりするなど、得点アップに向けて会社として何ができそうかを考えましょう。

☑ **現時点の基準点獲得状況確認表**

対策分野	通し番号	選択必須項目 小項目	配点 対象営業所のすべてが達成	配点 対象営業所の一部が達成	基準点数「一つ星」	基準点数「二つ星」	自社の得点
B	11	11-①	2	1	6/22 点以上	12/22 点以上	
		11-②	2	1			
		11-③	2	1			
		11-④	2	1			
		11-⑤	2	—			
		11-⑥	2	—			
		11-⑦	2	1			
		11-⑧	2	1			
		11-⑨	2	1			
		11-⑩	2	—			
		11-⑪	2	—			
C	18	18-①	2	1	6/12 点以上	8/12 点以上	
		18-②	2	1			
		18-③	2	1			
		18-④	2	1			
		18-⑤	2	1			
		18-⑥	2	1			
D	21	21-①	2	1	4/12 点以上	8/12 点以上	
		21-②	2	1			
		21-③	2	1			
		21-④	2	1			
		21-⑤	2	1			
		21-⑥	2	1			
E	29	29-①	2	1	6/16 点以上	10/16 点以上	
		29-②	2	1			
		29-③	2	1			
		29-④	2	1			
		29-⑤	2	1			
		29-⑥	2	1			
		29-⑦	2	1			
		29-⑧	2	1			
F	30	30-①	2	1	—	トラック 6/10 点以上	
		30-②	2	1			
		30-③	2	1		貸切バス 5/8 点以上	
		30-④	2	1		乗合バス 4/6 点以上	
		30-⑤	2	—			
		30-⑥	2	—		タクシー 4/6 点以上	

※通し番号30-④はトラック事業のみ、30-⑤はバス事業のみ、30-⑥はトラック事業のみ適用となる小項目です。
※通し番号30は、トラックは6／10点以上、貸切バスは5／8点以上、乗合バス・タクシーは4／6点以上の獲得で達成となります。

Ⅰ　選択必須項目での得点が認証取得のカギを握る

☑ 認証項目・配点一覧表

対策分野	通し番号	必須or選択	項目内容	判定・配点	
A	1	必須	労働基準関係法令違反に係る厚生労働省および都道府県労働局の公表事案として同省等のホームページに掲載されていない	法人全体で判定	−
	2	必須	労働基準関係法令の違反で送検されていない。または、送検されたが不起訴処分または無罪となっている	法人全体で判定	−
	3	必須	使用者によって不当労働行為が行われたとして都道府県労働委員会または中央労働委員会から救済命令等を受けていない。または、中央労働員会による再審査または取消訴訟により、救済命令等の取消しが確定している	法人全体で判定	−
	4	必須	道路運送法、貨物自動車運送事業法等に基づく行政処分の累積違反点数が20点を超えていない	法人全体で判定	−
	5	必須	就業規則が制定され、労働基準監督署長に届出されている。また、従業員に周知されている	申請対象の全営業所	−
	6	必須	36協定が締結され、労働基準監督署長に届出されている。また、従業員に周知されている	申請対象の全営業所	−

対策分野	通し番号	必須or選択	項目内容	判定・配点	
A	7	必須	従業員と労働契約を締結する際に、労働条件通知書を交付し、説明を行っている	申請対象の全営業所	−
A	8	必須	本認証制度に基づく認証を取り消されていない	法人全体で判定	−
A	9	必須	本認証制度に基づく認証に関し、例えば、認証事業者ではないにも関わらず認証マークを表示するなど、事実とは異なる内容を表示し、または説明していない	法人全体で判定	−
B	10	必須	認証申請の対象営業所について、月拘束時間（トラック・タクシー）、4週間を平均した1週間当たりの拘束時間（バス）または休日労働の限度違反に対する行政処分による累積違反点数が5点を超えていない ※道路運送法、貨物自動車運送事業法等に基づく行政処分が対象	申請対象の全営業所	−

Ⅰ　選択必須項目での得点が認証取得のカギを握る

対策分野	通し番号	必須or選択	項目内容	判定・配点	
B（通し番号11-①〜11-⑪で一つ星は6／22点以上、二つ星は12／22点以上）	11-①	選択	労使協定、労働協約、就業規則またはこれに準ずる文書において、運転者の休日労働および時間外労働の合計時間を年間960時間以内に制限することを計画している、または定めている ※法定休日の労働および法定労働時間を超える時間外労働が対象	2点	1点
	11-②	選択	労使協定、労働協約、就業規則またはこれに準ずる文書において、運転者の連続勤務を12日以内に制限することを計画している、または定めている	2点	1点
	11-③	選択	フルタイムの運転者の年間の休日数は平均105日以上（注）である（計画でも可） （注）年次有給休暇を除く（年間の法定休日および法定外休日の合計が平均105日以上）	2点	1点
	11-④	選択	フルタイムの運転者について、完全週休2日制（注）を採用している （注）1年を通して、毎週2日の休日がある	2点	1点
	11-⑤	選択	労働基準法で義務付けられている日数を超える年次有給休暇を付与している	2点	—

対策分野	通し番号	必須or選択	項目内容	判定・配点	
B（通し番号11-①～11-⑪で一つ星は6／22点以上、二つ星は12／22点以上）	11-⑥	選択	全社的な年次有給休暇の取得促進のための具体的なルールを設けている	2点	―
	11-⑦	選択	特別有給休暇制度（例：慶弔休暇、病気休暇、バースデー休暇、リフレッシュ休暇、ボランティア休暇、消滅有休積立制度等）がある	2点	―
	11-⑧	選択	運転者ごとに拘束時間、運転時間、休憩時間、休息期間を一覧表の形式で管理しているか、またはこれと同等以上の水準でソフトウェアにより管理している	2点	1点
	11-⑨	選択	デジタル式運行記録計（デジタコ）を導入し、分析ソフトを使用して運用している	2点	1点
	11-⑩	選択	事業者の代表者または担当役員が、四半期ごと以上の頻度で、下記の項目について報告を受けているか、または自ら把握している 【把握事項：対象営業所の時間外労働時間、休日労働時間、有給休暇取得の状況】	2点	―
	11-⑪	選択	その他、上記項目に該当しない労働時間管理・休日取得のための取組みを実施している（自由記述欄に取組みを記述）	2点	―

Ⅰ　選択必須項目での得点が認証取得のカギを握る

対策分野	通し番号	必須or選択	項目内容	判定・配点	
B	12	必須	運転者ごとに時間外労働時間および休日労働時間を賃金台帳などで適切に管理しているか、またはこれと同等以上の水準でソフトウェアにより管理している	申請対象の全営業所	－
B	13	必須	労使協定、労働協約、就業規則またはこれに準ずる文書において、運転者の時間外労働（法定労働時間を超える時間外労働）の合計時間を年間960時間以内に制限している	申請対象の全営業所	－
B	14	必須	労使協定、労働協約、就業規則またはこれに準ずる文書において、運転者の勤務終了後の休息期間を9時間以上（隔日勤務を実施する場合、22時間（タクシー）、20時間（トラック、バス）以上）確保することを定めている	申請対象の全営業所	－
C	15	必須	労働安全衛生法令に基づき、安全委員会、衛生委員会または安全衛生委員会が設置されているか、安全、衛生に関する事項について従業員の意見を聴くための機会が設けられている	申請対象の全営業所	－
C	16	必須	認証申請の対象営業所について、健康診断受診義務違反に対する行政処分を受けていない	申請対象の全営業所	－

対策分野	通し番号	必須or選択	項目内容	判定・配点	
C（通し番号18-①～18-⑥で一つ星は6/12点以上、二つ星は8/12点以上）	17	必須	所要の健康診断を実施し、その記録・保存が適正にされている	申請対象の全営業所	－
	18-①	選択	法令で定められた健康診断以外の健康診断（脳・心臓・消化器系疾患や睡眠障害等に関するスクリーニング検査等）を実施している	2点	1点
	18-②	選択	運転者の健康状態や疲労状況の把握等のための機器を導入している（自由記述欄に導入している機器を記述）	2点	1点
	18-③	選択	従業員の心身の不調を未然に防ぐ取組みを実施している ※メンタルヘルス診断、苦情対応研修、健康に関する教育機会の設定等を想定	2点	1点
	18-④	選択	管理職や人事担当者による人事面談を年1回以上実施している	2点	1点
	18-⑤	選択	パワハラ、セクハラ等のハラスメントの相談窓口となる部署または担当者、連絡先等を社内掲示等により従業員に周知している	2点	1点
	18-⑥	選択	その他、上記項目に該当しない心身の健康に関する取組みを実施している（自由記述欄に取り組みを記述）	2点	1点

Ⅰ　選択必須項目での得点が認証取得のカギを握る

対策分野	通し番号	必須or選択	項目内容	判定・配点	
D（通し番号21-①～21-⑥で一つ星は4／12点以上、二つ星は8／12点以上）	19	必須	認証申請の対象営業所について、社会保険等加入義務違反に対する行政処分による違反点数を受けていない。	申請対象の全営業所	−
	20	必須	健康保険法、厚生年金保険法、労働者災害補償保険法および雇用保険法に基づく社会保険等加入義務者として、社会保険等に適切に加入している	申請対象の全営業所	−
	21-①	選択	労働災害・通勤災害の上積み補償制度がある	2点	1点
	21-②	選択	病気やけがで働けない場合の所得補償制度がある	2点	1点
	21-③	選択	退職一時金制度、企業年金制度、中小企業退職金共済制度等の退職金制度を設けている	2点	1点
	21-④	選択	定年廃止、定年延長または再雇用により、65歳を超えても働ける制度がある	2点	1点
	21-⑤	選択	採用当初から正社員採用としているか、または採用当初は正社員ではない場合も1年以内に希望者全員を正社員に登用する方針を明示している	2点	1点
	21-⑥	選択	その他上記項目に該当しない運転者の安心・安定のための取組みを実施している（自由記述欄に取組みを記載）	2点	1点

対策分野	通し番号	必須or選択	項目内容	判定・配点	
D	22	必須	交通事故を発生させた場合の違約金を定めたり、損害賠償額を予定したりする契約をしていない （注）労働基準法第16条参照。運転者の責任により実際に発生した損害について賠償を請求することは禁止されていないが、あらかじめ金額を決めておくことは禁止されている	申請対象の全営業所	—
	23	必須	認証申請の対象営業所について、最低賃金法違反に対する行政処分を受けていない	申請対象の全営業所	—
	24	必須	最低賃金法に基づき、最低賃金額以上の賃金を支払っている	申請対象の全営業所	—
	25	必須	歩合制度が採用されている場合でも各運転者の労働時間に応じ、各人の通常の賃金の6割以上の賃金が保障されている。あるいは、歩合制度を採用していない	申請対象の全営業所	—
	26	必須	労働基準法に基づき、時間外労働、休日労働、深夜労働の割増賃金を支払っている	申請対象の全営業所	—

対策分野	通し番号	必須or選択	項目内容	判定・配点	
D	27	必須	【タクシーのみ】労働基準監督署から累進歩合制度（注）の廃止について指導文書の交付を受けていない。または、指導に応じ、累進歩合制度の廃止等改善状況について労働基準監督署に報告し、適正と認められている。もしくは、申請から2年以内に見直しを行うことを運転者に対し明示している （注）歩合給制度であって、歩合給の額が非連続的に増減するもの。累進歩合給、トップ賞、奨励加給を含む。積算歩合給制とは異なる	申請対象の全営業所	－
	28	必須	【タクシーのみ】名目の如何を問わず、事業に要する以下の経費を運転者に負担させていない。または、申請から2年以内にこれらの経費を運転者に負担させないように見直しを行うことを運転者に対し明示している ・クレジットカード、電子マネー、クーポン等の決済端末使用料・加盟店手数料 ・デラックス車、黒塗車、新車等の車両使用料 ・カーナビ、デジタル無線、デジタコ、ドライブレコーダー等の機器使用料 ・障害者割引に係る割引額	申請対象の全営業所	－

対策分野	通し番号	必須or選択	項目内容	判定・配点	
E（通し番号29-①〜29-⑧で一つ星は6／16点以上、二つ星は10／16点以上）	29-①	選択	運転免許の取得支援制度を設けている	2点	1点
	29-②	選択	29-①以外の運転者が利用できる資格取得支援制度を設けている （自由記述欄に導入している資格取得制度を記載） 【例：運行管理者、フォークリフト、クレーン等】	2点	1点
	29-③	選択	常時選任する女性運転者がいる	2点	1点
	29-④	選択	営業所に女性専用の便所および更衣室がある。また、仮眠施設または睡眠施設が必要な営業所の場合は、女性専用の当該施設がある。	2点	1点
	29-⑤	選択	運転者の多様なニーズに対応した勤務シフトを設けている 【例：育児中の女性運転者の早朝勤務・夜間勤務免除、中番がない早番・遅番の2シフト、短時間勤務等】	2点	1点
	29-⑥	選択	運転者が利用できる仕事と家庭の両立に役立つ福利厚生制度を設けている 【例：社内保育所、提携保育所、育児休暇、介護休暇、ダブル公休、希望日休等】	2点	1点

Ⅰ　選択必須項目での得点が認証取得のカギを握る

対策分野	通し番号	必須or選択	項目内容	判定・配点	
E（通し番号29-①～29-⑧で一つ星は6/16点以上、二つ星は10/16点以上）	29-⑦	選択	運転者が利用できる住居に関する福利厚生制度を設けている 【例：社宅、社員寮、空き家紹介制度、住宅手当、転居手当等】	2点	1点
	29-⑧	選択	その他、29-①～29-⑦に該当しない多様な人材の確保・育成のための取組みを実施している （自由記述欄に取組みを記載）	2点	1点
F（二つ星審査のみ適用）	30-①	選択	腰痛、転落等の労働災害の発生の防止や業務の軽労働化・快適化のための投資を行っている 【例：テールゲートリフター、パワーアシストスーツ、フォークリフト、AT車、便所、休憩室の改善、タクシーの自動日報作成システム等】	2点	1点
	30-②	選択	労働時間の短縮、多様な人材の確保・育成、業務の軽労働化・快適化等の労働条件や労働環境を向上せるための自主的、積極的、独創的、先進的または高度な取組みを実施している 【社員表彰制度等】	2点	1点

対策分野	通し番号	必須or選択	項目内容	判定・配点	
F（三つ星審査のみ適用）	30-③	選択	労働安全衛生、健康経営、次世代育成支援、若者の採用・育成、女性の活躍促進、環境経営等に取り組む優良な事業者等として公的な認定・認証等を受けている。または国、地方自治体、警察または陸上貨物運送事業労働災害防止協会、交通安全協会から、長時間労働の是正等の働き方改革や労働安全衛生、交通安全に関する表彰を受けたことがある	2点	1点
	30-④	選択	【トラックのみ】認証申請の対象事業所の過半数において、貨物自動車運送事業安全性評価事業（Gマーク制度）の認定を受けている	2点	1点
	30-⑤	選択	【貸切バスのみ】貸切バス事業者安全性評価認定制度（セーフティバスマーク）の認定を受けている	2点	ー
	30-⑥	選択	【トラックのみ】「トラック運送業における下請・荷主適正取引推進ガイドライン」（国土交通省）を踏まえ、同様の対応を行うように努める方針を企業のトップが明文化するとともに、従業員に周知している	2点	ー

Ⅰ　選択必須項目での得点が認証取得のカギを握る

Ⅱからは、各項目を達成するために何が求められているのか、また申請で必要となる書類等について、解説していきます。
　表の太枠内に、各認証項目の達成要件および選択必須項目については配点が示されています。また、「ポイント解説」では、事業者がどんな取組みをしていればこの項目を達成できるか、また提出書類として要件を満たすために必要な記載事項等を詳しく解説しています。
　「保管書類」には、要件が達成できていることが確認できるために、会社で保管しておかなければならない書類をまとめています。

☑　表の構成

対策分野	通し番号	加点難易度	法人全体	一部営業所	対象期間	対象		
						トラック	バス	タクシー
A	1	☺ ☺ ☹	ー	ー	過去１年間			

ポイント解説

保管書類

☑　加点難易度の見方

選択必須項目は、その小項目に配点された得点を合計して所定の基準点数以上になると、その選択必須項目を達成したこととなります。
加点難易度は得点の難易度の高さを表していて、難易度が低いものはスマイルが表示されています。
より働きやすい職場とするため自社が取り組みやすいものは何かを検討する際の参考としてください。

第４章　認証項目ポイント解説

対策分野A　法令遵守等

　「対策分野A　法令遵守等」で審査されるのは、次の9項目です。いずれも要件を満たしていることが求められる必須項目です。

対策分野	通し番号	加点難易度	法人全体	一部営業所	対象期間	対象 トラック	バス	タクシー
A	1	－	－	－	過去1年間			

労働基準関係法令違反に係る厚生労働省および都道府県労働局の公表事案として同省等のホームページに掲載されていない。

ポイント解説

　過去1年間に、労働基準法、最低賃金法、労働安全衛生法、賃金支払の確保等に関する法律の4つの法令に関する違反で、厚生労働省や労働局のホームページに掲載されていないことの確認です。

保管書類

なし

対策分野	通し番号	加点難易度	法人全体	一部営業所	対象期間	対象 トラック	バス	タクシー
A	2	－	－	－	過去1年間			

労働基準関係法令の違反で送検されていない。または、送検されたが不起訴処分または無罪となっている。

ポイント解説

過去1年間に、労働基準法、最低賃金法、労働安全衛生法、賃金の支払の確保等に関する法律の4つの法令に関する違反で送検されていないこと、送検された場合でも不起訴または無罪であったことの確認です。

保管書類

不起訴であることが確認できる不起訴処分告知書または裁判で無罪になっていることが確認できる判決文（過去1年間以内に労働基準関係法令で送検されている場合のみ）

対策分野	通し番号	加点難易度	法人全体	一部営業所	対象期間	対象		
						トラック	バス	タクシー
A	3	ー	ー	ー	過去1年間			

使用者によって不当労働行為が行われたとして都道府県労働委員会または中央労働委員会から救済命令等を受けていない。または、中央労働委員会による再審査または取消訴訟により、救済命令等の取消しが確定している。

ポイント解説

過去1年間に、労働組合から、不当労働行為（使用者が、組合員であることを理由に解雇したり、団体交渉を拒否したりといった行為）があったとして、都道府県労働委員会や中央労働委員会に対して申立てがあり、それに対し、労働委員会から救済命令等（申立てを容認し、不当労働行為の内容に応じて解消する措置を命じること）を受けていないかの確認です。

救済命令等を受けている場合でも、再審査請求または取消訴訟を行い、救済命令等の取消しが確定している場合も自認が可能です。

保管書類

救済命令等の取消しが確定している場合には、書面上で「申立人・被申立人・日付・労働委員会名・捺印・取消しが確定していること」が確認できる文書

対策分野	通し番号	加点難易度	法人全体	一部営業所	対象期間	対象 トラック	対象 バス	対象 タクシー
A	4	−	−	−	過去1年間			

道路運送法、貨物自動車運送事業法等に基づく行政処分の累積違反点数が20点を超えていない。

ポイント解説

　国土交通省では、自動車運送事業者の法令違反に対する点数制度を導入しています。点数は、違反内容により定められている基準日車（停止日数×停止車両数）10日車までごとに1点とされます。違反により付与された点数は、運輸局ごとに累積され、一定の場合に事業停止や許可取消しの対象となります。

　この道路運送法、貨物自動車運送事業法に基づく行政処分の違反による累積違反点数が過去1年間で20点以下であることを確認しています。

　累積違反点数が20点以下であることの確認は、国土交通省の以下のページから検索できるため、自認の際に確認しましょう。

●国土交通省・自動車総合安全情報：事業者の行政処分情報検索
https://www.mlit.go.jp/jidosha/anzen/03punishment/cgi-bin/search.cgi

　また、過去1年間で20点以下の累積違反点数を受けた事業者は、違反に対する是正措置が適切に実施（計画）されていることが自認要件となり、その資料（事業改善報告書等）が申請の際の提出資料となります。

保管書類

　行政処分の違反点数を受けている事業者については、「事業改善報告書」または「改善計画書」等の是正措置が適切に実施（または計画）されていることが確認できる書類の本紙

【申請時の提出書類】
・事業改善報告書または改善計画書等の写し
　※事業改善報告書が運輸局に受理されていない場合は、提出検討中の文書等
・停止車両日数や違反点数の内訳が確認できる書類の写し（輸送施設の使用停止および付帯命令書等）

対策分野	通し番号	加点難易度	法人全体	一部営業所	対象期間	対象 トラック	バス	タクシー
A	5	-	-	-	過去1年間			

就業規則が制定され、労働基準監督署長に届出されている。また、従業員に周知されている。

ポイント解説

　就業規則は、労働時間や賃金などの従業員の労働条件や従業員が守るべきルールを定めた会社の規則です。労働基準法第89条では、常時10人以上の労働者を雇用する事業者に対し、就業規則の制定と所轄の労働基準監督署への届出を義務付けています。また、就業規則は従業員に周知する必要があり、届出に際しては、過半数労働組合または従業員の過半数代表の意見を聴取し、意見書を添付します。

　この項目では、就業規則の制定・届出状況の確認だけでなく、周知状況についても確認しています。認証の申請実務とは直接関係しませんが、従業員代表の選出の方法や就業規則の周知状況は、労働基準監督署の監督の際に是正の対象として確認されることの多い部分です。事業者が恣意的に選出した従業員を代表としている場合など、労働者代表が正しく選出されていない場合や就業規則の従業員への情報開示がまったくされていないような場合は、就業規則の届出事項や改定内容が無効になることもありますので、適正な手続きをとってください。

保管書類

就業規則本紙
【申請時の提出書類】
・就業規則の本則の写し（詳細35ページ参照）

対策分野	通し番号	加点難易度	法人全体	一部営業所	対象期間	対象 トラック	バス	タクシー
A	6	－	－	－	過去1年間			

36協定が締結され、労働基準監督署長に届出されている。また、従業員に周知されている。

ポイント解説

労働基準法第36条に時間外・休日労働に関する定めがあり、事業者は、1週40時間、1日8時間の法定労働時間を超えて労働させる場合は、過半数労働組合または従業員の過半数代表との間に労使協定を締結し、その締結内容を所轄の労働基準監督署に届け出ることと規定しています。また、その協定内容は従業員への周知が必要となります。

36協定届については、2024年の4月から、自動車運転者の時間外労働の上限規制が適用となり、時間外労働の上限は、原則として1カ月45時間、1年360時間（1年単位の変形労働時間制を採用している場合は、1カ月42時間、1年320時間）ですが、それを超える時間外労働がある場合は、特別条項を締結して届け出た場合においては、年間960時間までの時間外労働が可能となります。

認証の申請に際しては、自動車運転者を対象に含み、特別条項がある場合には特別条項を含む労使協定書と協定届の両方の提出が必要です。基準日時点に有効な直近に締結・届け出た36協定の写しを、対象となるすべての事業所分を用意し、申請の添付書類として提出します。

保管書類

36協定届・36協定書の本紙
【申請時の提出書類】
・36協定届・36協定書の写し（詳細36ページ参照）

対策分野	通し番号	加点難易度	法人全体	一部営業所	対象期間	対象 トラック	バス	タクシー
A	7	-	-	-	過去1年間			

従業員と労働契約を締結する際に、労働条件通知書を交付し、説明を行っている。

ポイント解説

　従業員が入社した際、労働条件について書面で通知し、内容の説明を行っているかを確認する項目です。

　労働条件通知書は、労働基準法の定めに従い、就業の場所や就業時間、賃金や退職に関する事項などを、会社から労働者に通知する書面です。会社によっては、雇用契約書等、労使双方で書面に署名や捺印をして契約書の形で締結することもあります。ここでは、法令の記載事項を満たしていればどちらでも構いませんが、申請時の提出書類となっていますので、提出書類としては、必ず、自動車運転者と締結したものを用意してください。

　会社によっては、入社時に労働条件を口頭で説明するのみとして書面による通知等を行っていないこともあるようですが、口頭の約束だけでは、後々、言った言わないの不毛な争いから大きな労働トラブルに発展することも珍しくはありません。書面通知を行っていない会社は、認証取得のこの機会に書面通知を行うよう改善していきましょう。

保管書類

　労働条件通知書本紙
【申請時の提出書類】
・労働条件通知書の写し（詳細 37 ページ参照）

対策分野	通し番号	加点難易度	法人全体	一部営業所	対象期間	対象 トラック	バス	タクシー
A	8	−	−	−	過去1年間			

本認証制度に基づく認証を取り消されていない。

ポイント解説

過去1年間に本認証制度で認証の取消しを受けていないかの確認です（「認証の取消し」に関する詳細は45ページ参照）。

保管書類

なし

対策分野	通し番号	加点難易度	法人全体	一部営業所	対象期間	対象 トラック	バス	タクシー
A	9	−	−	−	過去1年間			

本認証制度に基づく認証に関し、例えば、認証事業者ではないにも関わらず認証マークを表示するなど、事実とは異なる内容を表示または説明していない。

ポイント解説

認証事業者ではないにも関わらず認証事業者であると名乗ったり、認証マークを利用したりしていないかといった、確認の項目です。

保管書類

なし

対策分野B　労働時間・休日

　「対策分野B　労働時間・休日」で審査されるのは、次の4項目（うち通し番号11は11の小項目の中から必要な基準点数の達成が求められる選択必須項目）です。

対策分野	通し番号	加点難易度	法人全体	一部営業所	対象期間	対象 トラック	バス	タクシー
B	10	−	−	−	過去1年間			

　認証申請の対象営業所について、月の拘束時間（トラック・タクシー）、4週間を平均した1週間当たりの拘束時間（バス）または休日労働の限度違反に対する行政処分による累積違反点数が5点を超えていない。
　※道路運送法、貨物自動車運送事業法等に基づく行政処分が対象。

> **ポイント解説**
>
> 　国土交通省では、自動車運送事業者の法令違反に対する点数制度を導入しています。点数は、違反内容により定められている基準日車（停止日数×停止車両数）10日車までごとに1点とされます。違反により付与された点数は、運輸局ごとに累積され、一定の場合に事業停止や許可取消しの対象となります。その違反項目の中に、改善基準告示に定める月の拘束時間の上限や休日労働の限度に関する遵守事項があり、これに違反した行政処分による累積違反点数が、過去1年間で5点以下であることを確認しています。

保管書類

行政処分の違反点数を受けている事業者については、「事業改善報告書」または「改善計画書」等の是正措置が適切に実施(または計画)されていることが確認できる書類の本紙
【申請時の提出書類】
・事業改善報告書または改善計画書等の写し
　※事業改善報告書が運輸局に受理されていない場合は、提出検討中の文書等
・停止車両日数や違反点数の内訳が確認できる書類の写し(輸送施設の使用停止および付帯命令書等)

対策分野	通し番号	加点難易度	法人全体	一部営業所	対象期間	対象		
						トラック	バス	タクシー
B	11-①	☺☻☹	2	1	ー			

労使協定、労働協約、就業規則またはこれに準ずる文書において、運転者の休日労働および時間外労働の合計時間を年間 960 時間以内に制限することを計画している、または定めている。
※法定休日の労働および法定労働時間を超える時間外労働が対象。

ポイント解説

通し番号 13 では、時間外労働時間だけで年間 960 時間以内に制限することとしていますが、ここでは、通常の時間外労働に加え、法定の休日労働時間も含めた合計時間が、年間 960 時間以内としています。
休日労働時間とは、1 週間に 1 日または 4 週 4 日の法定休日に労働した時間のことです。法令上は、年間 960 時間の上限の中には、法定休日の労働時間は含まれていませんが、この項目では、休日労働と時間外労働の合計時間を年間 960 時間に制限する計画または定めとすることで、基準点が獲得できます。
就業規則や 36 協定等に休日労働と時間外労働の合計時間を年間 960 時間以内と定めている場合は、それが自認事項を示す保管資料となりますが、定めがない場合には、休日労働と時間外労働の合計時間を年間 960 時間以内とする計画期間やその時間数の明記された計画書があり、社内の全従業員に周知されている必要があります。

保管書類

計画書、就業規則等（運転者の時間外労働の合計時間を一定時間までに制限することを計画、または定めた書類等）

対策分野	通し番号	加点難易度	法人全体	一部営業所	対象期間	対象トラック	対象バス	対象タクシー
B	11-②	☺︎●☹︎	2	1	―			

労使協定、労働協約、就業規則またはこれに準ずる文書において、運転者の連続勤務を12日以内に制限することを計画している、または定めている。

ポイント解説

　就業規則の休日の条文で、法定休日を〇曜日などと特定していたり、週に1日は必ず休日が確保できることを定めていたりする場合は、この項目の条件を満たします。

　また、1年単位の変形労働時間制を採用している場合には、制度に関する法令によるルールとして、連続労働日数は原則として6日間が最長であり、特定期間を定めている場合でも、連続労働日数は最長12日間とされているため、この項目の条件を満たします。

　一方、直前まで配車が確定しないなどの理由から休日の特定が難しい場合や、1カ月の休日数は決まっているもののどの日を休日とするかの設定は流動的、という会社も多いのではないでしょうか。若手の求職者の中には、休日の在り方などを重要視する方も増えています。認証項目の達成を目指し、労働環境の改善に向けた取組みとして見直していくとよいかもしれません。

保管書類

計画書、就業規則等（運転者の時間外労働の合計時間を一定時間までに制限することを計画、または定めた書類等）

対策分野	通し番号	加点難易度	法人全体	一部営業所	対象期間	対象 トラック	対象 バス	対象 タクシー
B	11-③	☺●☹	2	1	-			

フルタイムの運転者の年間の休日数は平均105日以上（注）である（計画でも可）。
（注）年次有給休暇を除く（年間の法定休日および法定外休日の合計が平均105日以上）。

ポイント解説

1年間365日を1週の7日で割ると、1年間は52週あることがわかります。つまり、年間休日数が105日以上というのは、1週平均で2日程度の休日があるイメージです。ここでは、必ず週に2日以上の休日設定があることは求めておらず、年間で105日以上の設定で構いません。

1年単位の変形労働時間制を採用している場合で、1日の所定労働時間を8時間以上に設定している会社などでは、制度に関する法令によるルール上、年間の休日数を105日以上設定する必要があるため、この項目の要件を満たしていることとなります。通し番号11－②でも触れましたが、休日数は、求職者が採用の応募を検討する際の注目ポイントとなりますので、条件を満たしていない場合には、将来に向けた見直しポイントとして検討していきましょう。

保管書類

就業規則や1年単位の変形労働時間制の協定届等
年間休日の一覧表または実績（Web上に用意するExcelフォーマットも利用可）

対策分野	通し番号	加点難易度	法人全体	一部営業所	対象期間	対象 トラック	バス	タクシー
B	11-④	☺☺☹	2	1	−			

　フルタイムの運転者について、完全週休2日制^(注)を採用している。
　（注）1年を通して、毎週2日の休日がある。

ポイント解説

　通し番号11-③では、年間平均105日以上ということで、必ずしも毎週2日の休日設定でなくても良かったのですが、ここでは完全週休2日制と、より厳しい条件となっています。
　完全週休2日制は、毎週必ず週2日以上の休日をあらかじめ就業規則等に定めている場合が該当します。例えば、毎週土曜、日曜がすべて休日とか、日曜と祝日、祝日のない週の土曜日などを設定しているようなケースです。365日24時間稼働している会社も多い運送業界では、なかなか難しい条件ですが、採用には有利なことも多く、導入する会社も増えてきています。

保管書類

　上記を証する書類（就業規則本紙等）

対策分野	通し番号	加点難易度	法人全体	一部営業所	対象期間	対象 トラック	バス	タクシー
B	11-⑤	☺☺☹	2	1	−			

　労働基準法で義務付けられている日数を超える年次有給休暇を付与している。

ポイント解説

一般的に、運送会社の就業規則では、法令どおりの年次有給休暇の付与日数としていることが多いのではないでしょうか。ここでは、法令を超える日数の付与を求められており、法令どおりの付与日数では条件を満たさないため、間違えないように注意しましょう。法令で定める年次有給休暇の付与日数は、以下のとおりです。

継続勤務年数（年）	0.5	1.5	2.5	3.5	4.5	5.5	6.5以上
付与日数（日）	10	11	12	14	16	18	20

保管書類

上記を証する書類（就業規則本紙等）

対策分野	通し番号	加点難易度	法人全体	一部営業所	対象期間	対象（トラック/バス/タクシー）
B	11-⑥	☺☺☹	2	－	－	

全社的な年次有給休暇の取得促進のための具体的なルールを設けている。

ポイント解説

年次有給休暇は、2019年4月より、10日以上の年次有給休暇が付与される労働者について、1年間で5日以上取得させることが事業者に義務付けられています。年次有給休暇の取得の権利は、労働者側にあるため、事業者側の権限で取得日を特定することはできません（ただし、5日を超える部分については、労使協定の締結により計画的に付与することが可能となり、計画的付与により消化された日数は、取得義務のある5日から差し引くことが可能です。以下、「計画年休」という）。

計画年休の導入や、従業員ごとに年次有給休暇の年間取得予定計画を策定するルール、付与から一定期間ごとになかなか年次有給休暇を取得しない従業員に対して取得予定を確認するなど、取得を促進するための具体的なルールの策定が必要となります。この項目では、その具体的なルールが制定され、実施状況がわかることが自認の要件と

なります。

　公式ホームページの申請案内書には、社内規程に「次のような記載があれば可」として、例が記載されています。

「法定の年次有給休暇付与日数が 10 日以上の全ての労働者（管理監督者を含む）に対して、年 5 日までは、使用者が労働者の意見を聴取した上で、時季を指定して取得させる。（労働者が自ら請求・取得した年次有給休暇の日数や、労使協定で計画的に取得日を定めて与えた年次有給休暇の日数（計画年休）については、その日数分を時季指定義務が課される年 5 日から控除する。）」

保管書類

　全社的な年次有給休暇の取得促進のための具体的なルールとその実施状況がわかるもの（社内規程等）

対策分野	通し番号	加点難易度	法人全体	一部営業所	対象期間	対象		
						トラック	バス	タクシー
B	11-⑦	☺😐☹	2	ー	ー			

特別有給休暇制度（例：慶弔休暇、病気休暇、バースデー休暇、リフレッシュ休暇、ボランティア休暇、消滅有休積立制度等）がある。

ポイント解説

　これは、年次有給休暇とは別に、無給ではなく、有給の休暇制度が就業規則等に 1 つ以上制定されていれば、条件達成となる項目です。休暇は取らせるものの無給としている会社もありますが、必ず有給である必要があります。

保管書類

　上記を証する書類（就業規則本紙等）

対策分野	通し番号	加点難易度	法人全体	一部営業所	対象期間	対象 トラック	バス	タクシー
B	11-⑧	☺😐☹	2	1	−			

運転者ごとに拘束時間、運転時間、休憩時間、休息期間を一覧表の形式で管理しているか、またはこれと同等以上の水準でソフトウェアにより管理している。

ポイント解説

通し番号12は労基法に基づく労働時間管理の状況を確認しているのに対し、こちらは、改善基準告示に基づく運行管理上の時間管理に関して確認している項目です。拘束時間や運転時間などは運転日報やデジタルタコグラフ（デジタコ）などで確認するのが一般的ですが、それを、運転者1人ごと1カ月単位で確認できる状態で、数値で管理することが必要です。運送事業者向けの時間管理ソフトを導入している会社では、パソコンの画面上で様々な時間データの集計結果などを確認できるのであれば、この小項目の自認が可能となります。

保管書類

労働時間を管理している書類

対策分野	通し番号	加点難易度	法人全体	一部営業所	対象期間	対象 トラック	バス	タクシー
B	11-⑨	☺😐☹	2	1	−			

デジタル式運行記録計（デジタコ）を導入し、分析ソフトを使用して運用している。

ポイント解説

この小項目は、デジタルタコグラフ（デジタコ）を車両に搭載しているだけではなく、運行結果のデータをもとに、運転手への指導・教育を行っていることが達成の条件となります。

この項目を自認した場合の保管資料としては、運転者の指導教育記録簿などが考えられます。

> **保管書類**
>
> 指導教育記録簿（記載事項としては、以下が考えられます）
> ・管理者から運転者に指導教育がなされたことがわかるコメントや押印
> ・指導項目は、以下の項目が１つ以上入っていること（時間・距離・速度の３要素のみの出力記録は不可）
> ① 急発進・急加速・空ぶかし・定速運転等の状況
> ② 高速走行における車速の抑制
> ③ タコグラフによる燃費や省エネに係る指導
> ④ 燃料の統計

対策分野	通し番号	加点難易度	法人全体	一部営業所	対象期間	対象 トラック	バス	タクシー
B	11-⑩	☺☹☹	2	－	－			

事業者の代表者または担当役員が、四半期ごと以上の頻度で以下の項目について報告を受けているか、または自ら把握している。
【把握事項：対象営業所の時間外労働時間、休日労働時間、有給休暇取得の状況】

ポイント解説

代表者または担当役員が、時間外労働時間・休日労働時間・有給休暇の取得状況を把握している必要があります。

自認の際の保管書類としては、時間外労働時間・休日労働時間・有給休暇の取得状況について報告を受けた場合の直近１回分の報告書類、または自身で把握した場合の把握内容が確認できる書類が該当します。

労働時間や休暇の取得状況などの自社の従業員の働き方を経営者が把握して、初めて改善のために取り組むべき課題が見つかるでしょう。ここは是非加点を獲得していきたい項目です。

保管書類

報告・把握内容が確認できる書類

対策分野	通し番号	加点難易度	法人全体	一部営業所	対象期間	対象		
						トラック	バス	タクシー
B	11-⑪	☺︎☺︎☹︎	2	−	過去1年間			

通し番号11-③〜11-⑩のほか、上記項目に該当しない労働時間管理・休日取得のための取組みを実施している（自由記述欄に取組みを記述）。

ポイント解説

　入力画面もしくは自認書の自由記述欄に実施している取組み内容を記載する項目です。通し番号11-③〜⑩に該当しない取組みを実施している場合は、その取組み内容を記載してください。なお、自認の際の保管資料は、取組み内容を実施していることを証明・確認できる書類等となります。
　申請案内書では、例として「事業者や荷主負担による高速道路利用、運転者採用を増やして休暇を取りやすくする」と示されています。

保管書類

上記を証する書類

対策分野	通し番号	加点難易度	法人全体	一部営業所	対象期間	対象		
						トラック	バス	タクシー
B	12	−	−	−	基準日			

運転者ごとに時間外労働時間および休日労働時間を賃金台帳などで適切に管理しているか、またはこれと同等以上の水準でソフトウェアにより管理している。

ポイント解説

　この項目では、運転者ごとの時間外労働や休日労働などの時間管理の状況を確認しています。労働時間管理は、時間外労働や休日労働に対する割増賃金を正しく支払うためにも正しく行っておく必要があります。
　基本的には、時間外労働や深夜労働の時間数と支払金額の明記された賃金台帳か給与明細が保管されていればよいのですが、自社で使用

している勤怠システムや給与ソフトなどのソフトウェア等で管理しており、画面上で確認できるといった状況でも構いません。

　賃金台帳は法定三帳簿の1つで、賃金計算期間における合計の労働時間、時間外労働、深夜労働、休日労働の時間数の記載が必要とされています（労働基準法施行規則）が、運送事業者の中には、長時間労働の実態を出したくないといった理由で、労働時間に関する記載をまったく行っていない事業者もあるようです。もし記載を行っていない場合は、法令に則った運用における基本事項となりますので、これを機会に改善していきましょう。

保管書類

　労働時間を管理している書類（運転者の直近1カ月の給与明細、賃金台帳等）

対策分野	通し番号	加点難易度	法人全体	一部営業所	対象期間	対象		
						トラック	バス	タクシー
B	13	−	−	−	基準日			

労使協定、労働協約、就業規則またはこれに準ずる文書において、運転者の時間外労働の合計時間を年間960時間以内に制限している。
※法定労働時間を超える時間外労働が対象。

ポイント解説

　この項目は、2023年度の申請要件では通し番号11の小項目の1つでしたが、2024年4月の自動車運転者の時間外労働の上限規制の施行に伴い、2024年度の申請要件から単独で通し番号が振られ、達成が必須の1項目となりました。

　この項目を自認する場合には、まず、申請する各営業所で申請の基準日時点で有効となっている36協定届において、「1年間で法定労働時間を超えて延長することができる時間数」が960時間以下となっていることを確認してください（2024年3月までに締結・届出し、申請基準日に有効である場合は除く）。

　36協定は申請時の提出書類となっていますので、申請するすべての事業所の、直近で締結した協定書と労働基準監督署に届け出た協定

届の控えが必要となります。

保管書類

労使協定、労働協約、就業規則またはこれに準ずる文書（運転者の時間外労働の合計時間を一定時間までに制限することを定めた書類）

対策分野	通し番号	加点難易度	法人全体	一部営業所	対象期間	対象		
						トラック	バス	タクシー
B	14	−	−	−	基準日			

労使協定、労働協約、就業規則またはこれに準ずる文書において、運転者の勤務終了後の休息期間を9時間以上（隔日勤務を実施する場合、22時間（タクシー）、20時間（トラック、バス）以上）確保することを定めている。

ポイント解説

　これは、改善基準告示で定められている休息期間のルールに基づく項目です。この項目も、通し番号13同様、2024年度から単独で通し番号が振られ、達成が必須の1項目となったものです。
　休息期間（業務の終了から翌日の業務を開始するまでの時間）に関する定めは、就業規則や運転者用の服務規程に明記している会社が多いかと思います。2024年4月に改正施行された改善基準告示では、休息期間に関するルールも改正され、「継続11時間以上与えることを基本とし、9時間を下回らないこと」とされました。この、休息期間の最低ラインとなる9時間以上であることを確認しています。
　自社の就業規則等が改正内容に対応しているかを確認し、対応していないようであれば改正して、労働基準監督署への届出を行いましょう。

保管書類

労使協定、労働協約、就業規則またはこれに準ずる文書（運転者の勤務終了後の休息期間を一定時間以上確保することを定めた書類）

対策分野 C 心身の健康

「対策分野 C 心身の健康」で審査されるのは、次の 4 項目（うち通し番号 18 は 6 つの小項目の中から必要な基準点数の達成が求められる選択必須項目）です。

対策分野	通し番号	加点難易度	法人全体	一部営業所	対象期間	対象 トラック	バス	タクシー
C	15	−	−	−	基準日			

労働安全衛生法令に基づき、安全委員会、衛生委員会または安全衛生委員会が設置されているか、安全、衛生に関する事項について従業員の意見を聴くための機会が設けられている。

ポイント解説

　法定の委員会の設置要件は、営業所単位で常時使用する労働者の人数に応じて定められています。法定委員会の設置が義務付けられている事業所では、労働安全衛生法の定めのとおり、委員会の開催議事録や構成員の一覧などが必要となります。設置義務がない事業所についても、労働安全衛生法により、安全衛生に関して労働者の意見を聴く機会を設けることが義務付けられています。そのため、労働者に意見を聴いた内容の議事録等が必要となります。

　この項目の保管書類は申請時の提出書類となっていますので、38 ページの解説を参照してください。

　意見聴取の機会として、国土交通省の「指導監督指針」に基づき行う乗務員教育や研修会、業務打合わせを行う会議などで、会社が一方的に情報の伝達や通知を行う機会は、該当しません。ただし、そうした場で安全衛生に関する事項・意見・要望があったことが記載されて

いる会議記録があれば、「労働者に意見を聴いた内容の議事録等」として取り扱うことが可能となります。つまり、労使間の双方向の意見交換があった内容がわかるもの、ということです。

常時使用する労働者数	トラック	バス	タクシー	必要書類
50人未満	（法定委員会の設置義務なし）従業員の意見を聴くための機会を設けること			直近1回分の従業員の意見を聴くための機会を設けたことがわかる議事録
50人以上100人未満		衛生委員会		直近1回分の法定委員会の議事録 委員会の構成員一覧
100人以上	安全委員会 衛生委員会	または安全衛生委員会		

保管書類

各委員会構成員一覧、議事録（従業員の意見を聴くための機会を設けた場合それが確認できる書面）の本紙
【申請時の提出書類】
・各委員会構成員一覧
・直近1回分の法定委員会開催の議事録
（50人未満の営業所等は労働安全衛生規則第23条の2に基づき従業員の意見を聴くための機会を設けたことがわかる議事録）

対策分野	通し番号	加点難易度	法人全体	一部営業所	対象期間	対象		
						トラック	バス	タクシー
C	16	ー	ー	ー	過去1年間			

認証申請の対象営業所について、健康診断受診義務違反に対する行政処分による違反点数を受けていない。

Ⅳ　対策分野C　心身の健康

ポイント解説

　国土交通省では、自動車運送事業者の法令違反に対する点数制度を導入していますが（通し番号10の解説参照）、その違反項目の中に法令に基づき健康診断の受診が行われているかを確認するものがあります。

　法定の健康診断には、①雇入れ時の健康診断、②雇用後の定期健康診断（年に1回）、③特定業務従事者（6カ月以内ごとに1回、深夜業など）の3つがあります。

　ここでは、申請基準日から遡る1年間に、これらの健康診断受診義務違反に対する行政処分による違反点数を受けていないかを確認しています。

保管書類

なし

対策分野	通し番号	加点難易度	法人全体	一部営業所	対象期間	対象			
						トラック	バス	タクシー
C	17	−	−	−	過去1年間			

所要の健康診断を実施し、その記録・保存が適正にされている。

ポイント解説

　申請基準日から遡る1年間に、法令に従い健康診断を実施し、その記録と保存がされていることを確認しています。

　常時雇用する従業員数が50人以上の営業所では、労働安全衛生法により、所轄の労働基準監督署に「定期健康診断結果報告書（様式6号）」の提出が義務付けられています。当該事業所については、この項目を自認するには直近1回分の労働基準監督署に提出済みで受付印のある様式6号の報告書の原本と定期健康診断結果が保管されていることが必要となります。

　また、この写しが申請時の提出書類となっていますが、個人の定期健康診断の結果そのものは提出書類ではなく、個人情報となるため提出しないよう注意してください。

　なお、50人未満の事業所は、この項目に関する申請時の提出書類

はありません。

保管書類

営業所ごとの定期健康診断結果報告書（様式第6号）本紙
【申請時の提出書類】
・営業所ごとの定期健康診断結果報告書（様式第6号）写し
（50人未満の営業所は提出不要）
※個人の健康診断の結果は提出しないこと

対策分野	通し番号	加点難易度	法人全体	一部営業所	対象期間	対象 トラック	バス	タクシー
C	18-①	☺☻☹	2	1	基準日			

法令で定められた健康診断以外の健康診断（脳・心臓・消化器系疾患や睡眠障害等に関するスクリーニング検査等）を実施している。
※18-①〜18-⑥の項目で少なくとも合計6点以上（一つ星）、8点以上（二つ星）となること。

ポイント解説

　法令で定められた健康診断には、上記のほか、脳ドック、腫瘍マーカーの実施、ガン検診、SAS（睡眠時無呼吸症候群）のスクリーニング検査などが該当します。
　これらの健診について、自動車運転者全員が対象となっており（実施時期などが分散していて、数年に1度ローテーションで対象となる場合も含む）、事業者が費用負担を行っている場合が対象となります。

保管書類

請求書、領収書、実施計画等

対策分野	通し番号	加点難易度	法人全体	一部営業所	対象期間	対象 トラック	バス	タクシー
C	18-②	☺☺☹	2	1	基準日			

運転者の健康状態や疲労状況の把握等のための機器を導入している(自由記述欄に導入している機器を記述)。

ポイント解説

該当する機器としては、血圧計や非接触型体温計が該当し、該当する営業所で導入機器の現物が確認できるか、請求書や領収証の保管が必要です。導入機器が何かは自由記述欄に記載が必要で、記述がなかった場合は本項目を満たしていないものと判断されます。

該当機器には、上記の他以下のようなものがあります。

(該当例)携帯型心電計、居眠り警報装置、睡眠計、携帯型血糖値計、視力検査器等

保管書類

実物または請求書、領収書等

対策分野	通し番号	加点難易度	法人全体	一部営業所	対象期間	対象 トラック	バス	タクシー
C	18-③	☺☺☹	2	1	基準日			

従業員の心身の不調を未然に防ぐ取組みを実施している。
※メンタルヘルス診断、苦情対応研修、健康に関する教育機会の設定等を想定

ポイント解説

従業員の心身の不調を未然に防ぐ取組みとしては、メンタルヘルス診断、苦情対応研修、ストレスチェックの実施、健康に関する教育などが該当しますが、常時50人以上の従業員を雇用する営業所では、ストレスチェックの実施が義務付けられているため、労働基準監督署に提出した受付印のある直近1回分の「心理的な負担の程度を把握するための検査結果等報告書(様式6号の2)」があれば、要件を満たします。なお、この検査結果等報告書は、自認の際の保管資料となり

ます。
　その他、自社の加入している保険会社などで契約の付帯サービスとしてストレスチェックや研修制度、相談窓口などを利用している場合も要件を満たします。研修や教育を実施している場合は、年間のスケジュールや直近1回の運転職に対して実施した、研修や教育の資料や実施報告書が、また健康相談の窓口を設定した場合は従業員への案内文書などが、保管書類となります。

保管書類

取組みの年間スケジュールを記載した書面、診断結果、研修資料、実施報告書等

対策分野	通し番号	加点難易度	法人全体	一部営業所	対象期間	対象 トラック	バス	タクシー
C	18-④	☺😐☹	2	1	基準日			

管理職や人事担当者による人事面談を年1回以上実施している。

ポイント解説

　年1回以上の人事面談の実施実施状況を確認しています。例えば、事故を起こした運転手など一部の運転者のみに対して行うものではなく、運転者全員が対象となっている必要があります。
　保管書類として、直近1回分の面談の記録が必要です。面談記録には、面談の実施年月日、実施担当者のほか、労使双方のコメントを記載しておきます。内容が充足していれば、人事考課の面談も対象となります。

保管書類

営業所ごとの面談記録

対策分野	通し番号	加点難易度	法人全体	一部営業所	対象期間	対象			
						トラック	バス	タクシー
C	18-⑤	☺☺☹	2	1	基準日			

パワハラ、セクハラ等のハラスメントの相談窓口となる部署または担当者、連絡先等を社内掲示等により従業員に周知している。

ポイント解説

　2022年4月から、セクシュアルハラスメント、マタニティハラスメント防止対策に加え、パワーハラスメント防止対策が中小企業も含めて義務化され、企業はハラスメントの相談窓口の設置が義務付けられています。社内周知も必要とされ、就業規則等への明記を行い、社内の掲示版などに通知文書や啓発ポスターなどを掲示するなどして周知している必要があります。

　厚生労働省が運営する職場のハラスメントに関する情報を掲載したポータルサイト「あかるい職場応援団」には、こうしたポスター等の資料をダウンロードができるページがあります。ポスター上に相談窓口となる部署や担当者、連絡先などを記載するスペースがあるため、こちらを活用するのもよいでしょう。

　保管書類として認められる社内周知の文書としては、ハラスメント防止対策に関する従業員への配布文書やポスターを掲示していることがわかる写真、就業規則の規定条文、研修資料などが考えられます。これらは、必ず、発行日付、件名、発行責任者名がわかるようにしてください。

保管書類

　社内の周知文書

対策分野	通し番号	加点難易度	法人全体	一部営業所	対象期間	対象（トラック / バス / タクシー）
C	18-⑥	☺ ● ☹	2	1	基準日	

通し番号18-①～18-⑤のほか、上記項目に該当しない心身の健康に関する取組みを実施している（自由記述欄に取組みを記述）。

ポイント解説

　自由記述欄です。通し番号18-①～⑤に該当しない取組みを実施している場合は、その取組み内容を記載してください。なお、保管書類は、取組み内容を実施していることを証明・確認できる書類等となります。

（記述例）事業者負担によるインフルエンザワクチン接種
　　　　　熱中症予防講習を行い、スポーツドリンクを携帯させている
　　　　　運転手全員を対象とする交通事故防止セミナーへの参加や研修の実施

保管書類

　上記を証する書類

Ⅴ 対策分野D　安心・安定

「対策分野D　安心・安定」で審査されるのは、次の10項目（うち通し番号21は6つの小項目の中から必要な基準点数の達成が求められる選択必須項目、通し番号27・28はタクシーのみ必須項目）です。

対策分野	通し番号	加点難易度	法人全体	一部営業所	対象期間	対象			
						トラック	バス	タクシー
D	19	—	—	—	過去1年間			

認証申請の対象営業所について、社会保険等加入義務違反に対する行政処分による違反点数を受けていない。

ポイント解説

　国土交通省では自動車運送事業者の法令違反について点数制度を導入していますが（通し番号10参照）、その違反項目の中に、法令に基づく社会保険等の加入義務者が社会保険等に未加入となっていないかを確認するものがあります。

　社会保険等とは、ここでは、健康保険、厚生年金保険、労働者災害補償保険、雇用保険をいい、いずれかの未加入や保険料の未納に対し、違反がつきます。

　社会保険は2016年10月から適用範囲が順次拡大され、2024年10月から従業員数51人以上の事業者で働くパート等も健康保険・厚生年金保険の適用となっています。週所定労働時間20時間以上30時間未満の運転者運転者について社会保険の適用の有無を確認し、加入漏れのないようにしましょう。

保管書類

なし

対策分野	通し番号	加点難易度	法人全体	一部営業所	対象期間	対象（トラック／バス／タクシー）
D	20	−	−	−	過去1年間	トラック／バス／タクシー

健康保険法、厚生年金保険法、労働者災害補償保険法および雇用保険法に基づく社会保険等加入義務者として、社会保険等に適切に加入している。

ポイント解説

申請基準日から遡る1年間について、法令に則して、社会保険等の加入義務者として適切に保険に加入していることについて自認します。

保管書類

保険料の納付証明書、預金通帳の口座振替部分のコピー等

対策分野	通し番号	加点難易度	法人全体	一部営業所	対象期間	対象（トラック／バス／タクシー）
D	21-①	☺☹☺	2	1	−	トラック／バス／タクシー

労働災害・通勤災害の上積み補償制度がある。
※通し番号21-①〜21-⑥の項目で少なくとも合計4点以上（一つ星）、8点以上（二つ星）となること。

ポイント解説

通常は、労働災害や通勤災害があった場合、労働者災害補償制度で対応しますが、会社によってはそれを上回り、民間の保険会社との保険契約等で法定外の補償制度を設けていることがあります。運送会社では比較的加入していることの多い保険制度です。保険加入が確認できれば点数の確保ができる項目です。

保管書類

社内の周知文書または保険会社・共済組合との契約書等

対策分野	通し番号	加点難易度	法人全体	一部営業所	対象期間	対象		
						トラック	バス	タクシー
D	21-②	☺☺☹	2	1	ー			

病気や怪我で働けない場合の所得補償制度がある。

ポイント解説

　健康保険の被保険者は傷病手当金など公的な給付を受けられますが、通常の賃金の3分の2程度の支給となるため、その差額分などをカバーする制度が導入されているケースなどを指します。一般的には、会社が保険料を負担して所得補償保険などに加入している場合が該当します。

保管書類

社内の周知文書または保険会社・共済組合との契約書等

対策分野	通し番号	加点難易度	法人全体	一部営業所	対象期間	対象		
						トラック	バス	タクシー
D	21-③	☺☺☹	2	1	ー			

退職一時金制度、企業年金制度、中小企業退職金共済制度等の退職金制度を設けている。

ポイント解説

　退職金制度は、法令上、必ず設けなければならない制度ではありませんが、制度がある場合には、就業規則への明記が必要な「相対的必要記載事項」となります。就業規則に退職金制度に関する定めがあるかを確認しましょう。

保管書類

退職金規程

対策分野	通し番号	加点難易度	法人全体	一部営業所	対象期間	対象 トラック	対象 バス	対象 タクシー
D	21-④	☺😐☹	2	1	—			

定年廃止、定年延長または再雇用により、65歳を超えても働ける制度がある。

ポイント解説

高年齢者等の雇用の安定等に関する法律の改正により、2021年4月からこれまでの65歳までの雇用確保の義務に加え、65歳超70歳までの就業機会の確保が努力義務となりました。

① 70歳までの定年引上げ
② 定年制の廃止
③ 70歳までの継続雇用制度（再雇用制度・勤務延長制度）の導入

65歳超の就業確保措置は、努力義務のため、対象者を限定する基準を設けることも可能となります。その場合は、基準に関して労使間で十分に協議の上、労使協定等を締結することが望ましいとされています。

この項目では、65歳を超えても働ける上記のいずれかの制度（雇用形態・職種は問わない）を設けている場合に要件を満たすこととなります。

保管書類

労使協定、労働協約、就業規則またはこれに準ずる文書

対策分野	通し番号	加点難易度	法人全体	一部営業所	対象期間	対象 トラック	対象 バス	対象 タクシー
D	21-⑤	☺😐☹	2	1	基準日			

採用当初から正社員採用としているか、または採用当初は正社員ではない場合も1年以内に希望者全員を正社員に登用する方針を明示している。

ポイント解説

運転者の求人を行う場合に、期間の定めのない正社員として募集している場合に要件を満たすとなりますが、運送業界では、3カ月や6カ月といった一定の期間を定める有期雇用として採用し、自社との適合を確認した上で正社員登用（無期雇用）としたいというケースが多いのも実態です。有期雇用で採用した場合であっても1年以内に希望者全員を正社員登用することを就業規則や求人広告等で明記している場合は、この項目の要件を満たすこととなります。

よく間違われるのが「試用期間」と「有期雇用期間」です。試用期間はあくまでも正社員として採用した後の一定期間のことで、業務を覚えたり仕事の適性をみて配置を決定したりする期間となり、契約上は「無期雇用」での雇用契約が成立しているため、契約を終了するには相応の事由が必要です。

一方、「有期雇用期間」は、契約期間の満了時に自社の業務に適性がないと判断すれば、簡単に雇用契約を終了できるといったイメージで運用している会社もあるようです。しかし契約更新の有無や更新する場合の期間や上限回数などの明示が必要で、「正社員となって頑張ってほしい」と口約束するなど雇用継続の期待を抱かせていた場合は契約終了が認められないなどの法令による制約があり、簡単に雇用契約を終了できるものではありません。

また、求職者も安定した長期雇用を求めるため、有期雇用の求人には応募者が集まりにくいといったデメリットもあります。

保管書類

就業規則、求人広告またはこれに準ずる文書

対策分野	通し番号	加点難易度	法人全体	一部営業所	対象期間	対象 トラック	対象 バス	対象 タクシー
D	21-⑥	☺☹☹	2	1	基準日			

通し番号21-①〜21-⑤のほか、上記項目に該当しない運転者の安心・安定のための取組みを実施している（自由記述欄に取組みを記述）。

ポイント解説

自由記述欄です。通し番号 21-①～⑤に該当しない取組みを実施している場合は、その取組み内容を記載してください。なお、保管書類は取組み内容を実施していることを証明・確認できる書類等（就業規則・保険証券の写しなど）となります。
（記述例）
・事業主負担によるガン保険加入
・災害見舞金制度
・体力に見合った業務への変更制度
※「安全」に関するものは、対象外。

保管書類

上記を証する書類

対策分野	通し番号	加点難易度	法人全体	一部営業所	対象期間	対象 トラック	バス	タクシー
D	22	-	-	-	基準日			

交通事故を発生させた場合の違約金を定めたり、損害賠償額を予定する契約を締結したりしていない。
※労働基準法第16条参照。運転者の責任により実際に発生した損害について賠償を請求することは禁止されていないが、あらかじめ金額を決めておくことは禁止されている。

ポイント解説

労働基準法第16条では「賠償予定の禁止」といって、労働契約の締結時に、従業員に対して違約金や賠償金などの支払いを予定することを禁止しています。そのため、例えば、雇用契約書や入社時の誓約書などで「事故を起こしたら一律3万円を支払う」といった約束をさせることは認められません。

ただし、運転者の過失により起こした事故などで損害が発生した際に、運転者本人に損害賠償を求めることを禁止しているものではなく、あくまでも、あらかじめ金額を定めることを禁止するものです。

実際に運転者に事故の損害賠償等を請求するような場合は、その都

度、事故判定委員会などを開催し、事故の過失や損害の程度などを勘案し、発生事案ごとに賠償額を決めていくなどの対応とします。

保管書類
なし

対策分野	通し番号	加点難易度	法人全体	一部営業所	対象期間	対象		
						トラック	バス	タクシー
D	23	－	－	－	過去1年間			

認証申請の対象営業所について、最低賃金法違反に対する行政処分による違反点数を受けていない。

ポイント解説

　国土交通省では自動車運送事業者の法令違反に対する点数制度を導入していますが（通し番号10参照）、その違反項目の中に最低賃金法に違反していないかを確認する項目があります。

　最低賃金は、事業主が労働者に支払う賃金の最低額として国が定めたもので、毎年10月頃に都道府県ごとの「地域別最低賃金」と特定の産業に従事する労働者を対象とした「特定（産業別）最低賃金」の2種類が発表されます。この最低賃金法に違反し、行政処分による違反点数を受けていないかどうかの確認項目となります。

保管書類
なし

対策分野	通し番号	加点難易度	法人全体	一部営業所	対象期間	対象		
						トラック	バス	タクシー
D	24	－	－	－	過去1年間			

最低賃金法に基づき、最低賃金額以上の賃金を支払っている。

第4章　認証項目ポイント解説

ポイント解説

　最低賃金額以上の賃金を支払っているかどうかの確認です。

　最低賃金以上かどうかを確認する際は、毎月支払う賃金額を時給換算し、最低賃金額と比較しますが、必ずしも基本給だけで上回る必要はありません。自動車運転者の賃金には歩合給（出来高払い給）が含まれている場合がありますが、この歩合給もあわせて最低賃金を上回るか、歩合給の単価を求めて確認します。

　一方、最低賃金を算定する際、賃金額から除かなければならない手当があります。また、無事故手当など支給要件に応じて支給されない月がある手当がある場合は、その手当が支給されなくても最低賃金を下回ることがないかを確認する必要があります。

保管書類

なし

対策分野	通し番号	加点難易度	法人全体	一部営業所	対象期間	対象 トラック	対象 バス	対象 タクシー
D	25	−	−	−	基準日			

歩合制度が採用されている場合でも各運転者の労働時間に応じ、各人の通常の賃金の6割以上の賃金が保障されている。あるいは、歩合制度を採用していない。

ポイント解説

　自動車運転者の賃金では、その全部または一部を歩合給で支払っていることがあります。

　歩合給（出来高払い給）は仕事の業績や売上に応じて賃金を支払いますが、景気や繁閑に左右され、毎月の賃金が大きく変動することもあり、業績が著しく低い月には生活が成り立たない可能性が考えられます。そのため、労働基準法第27条では「出来高払いの保障給」といって、労働時間に応じて一定額の賃金を保障しなければならないと規定しています。

　一定額については、通達において、労働時間に応じ固定的給与とあわせて通常の賃金の6割以上の賃金が保障されるよう保障給を定める

こととされています。
　保障給の算定方法は、就業規則（賃金規程）への明記が必要です。
（保障給の計算例）
１時間当たり保障給＝過去３カ月の賃金総額÷当該期間の総労働時間数×0.6

保管書類

なし

対策分野	通し番号	加点難易度	法人全体	一部営業所	対象期間	対象		
						トラック	バス	タクシー
D	26	－	－	－	基準日			

労働基準法に基づき、時間外労働、休日労働、深夜労働の割増賃金を支払っている。

ポイント解説

　運送業界では、労働時間が長く深夜時間帯の稼働も多いため、割増賃金の発生率は高いです。計算根拠のない定額の金額を残業見合いとして支給したり、固定的賃金となる諸手当の一部を割増賃金算定の基礎に含めなかったり、深夜の割増賃金を適正に支給していない、歩合給には残業代が含まれているといった誤った認識などから、割増賃金の未払いで民事訴訟などの係争に発展するケースが非常に多くなっています。こうした事態を避けるためには、法令上の割増賃金の計算方法をよく理解し、未払いの起こらない賃金体系としておく必要があります。

保管書類

なし

対策分野	通し番号	加点難易度	法人全体	一部営業所	対象期間	対象
D	27	−	−	−	過去5年間	タクシー

労働基準監督署から累進歩合制度^(注)の廃止について指導文書の交付を受けていない。または、指導に応じ、累進歩合制度の廃止等改善状況について労働基準監督署に報告し、適正と認められている。もしくは、申請から2年以内に見直しを行うことを運転者に対し明示している。

（注）歩合給制度であって、歩合給の額が非連続的に増減するもの。累進歩合給、トップ賞、奨励加給を含む。積算歩合給制とは異なる。

ポイント解説

　累進歩合制度は、歩合給の金額を決定する際に、運賃収入の高低に応じて数階層に区分し、階層の上昇に応じ逓増する歩率を乗じる制度で、歩合給の額が非連続的に増減する制度です（売上の最も高い者やごく一部の者しか達成し得ない高水準の売上を達成した場合の「トップ賞」や各区分の売上の額を達成するごとに一定額の加算を行う「奨励加算」も累進歩合制度に含まれます）。

　この累進歩合制度については、上位区分の運賃収入を得たいがために、運転者の長時間労働やスピード違反を極端に誘発するおそれがあることから、通達により廃止するよう指導されています。

　この項目は、次の3つのいずれかに該当する場合に要件達成となります。

① 申請基準日から遡った過去5年間、労働基準監督署から累進歩合制度の廃止について指導文書の交付を受けていない
② 指導に応じ、累進歩合制度の廃止等の改善状況について労働基準監督署に報告し、適正と認められている
③ 申請から2年以内に制度の見直しを行うことを運転者に対し明示していることが確認できる

保管書類
累進歩合制度の廃止について指導文書の交付を受けたことがある場合の保管書類としては、以下のとおりです。 ・労働基準監督署に報告した文書 ・申請から2年以内に制度の見直しを行うことを運転者に対し明示している文書

対策分野	通し番号	加点難易度	法人全体	一部営業所	対象期間	対象 タクシー
D	28	-	-	-	基準日	

名目の如何を問わず、事業に要する以下の経費を運転者に負担させていない。または、申請から2年以内にこれらの経費を運転者に負担させないように見直しを行うことを運転者に対し明示している。
- クレジットカード、電子マネー、クーポン等の決済端末使用料・加盟店手数料
- デラックス車、黒塗車、新車等の車両使用料
- カーナビ、デジタル無線、デジタコ、ドライブレコーダー等の機器使用料
- 障害者割引に係る割引額

ポイント解説
タクシー業界特有の慣行で、運転者の賃金が歩合制であることを前提として、これらの経費を運転者に負担させることで車両や設備の充実や営業収入の確保に充てる一方、運転手間の公平性を保つことを目的として行われてきました。ただし、他業種からは理解されにくく採用を阻む可能性もあるため、見直しを求められています。 　ここでは、運転者負担を行っていないか、申請から2年以内に運転者負担の見直しを行うことを運転者に明言している場合に要件達成となります。

保管書類
運転者に示した見直しに関する文書

Ⅵ 対策分野E 多様な人材の確保・育成

　「対策分野E　多様な人材の確保・育成」は、通し番号29の8つの小項目の中から必要な基準点数の達成が求められる選択必須項目です。

対策分野	通し番号	加点難易度	法人全体	一部営業所	対象期間	対象		
						トラック	バス	タクシー
E	29-①	😊😐☹	2	1	基準日			
運転免許の取得支援制度を設けている。 ※通し番号29-①〜29-⑧の項目で少なくとも合計6点以上（一つ星）、10点以上（二つ星）となること。								

ポイント解説

　これから運転者として就職される方や他職種から運転者へ職種転換される方を対象として、運転免許の取得支援制度を設定し、就業規則に明記していたり求人公告に掲載していたりする場合に要件達成となります。
　支援内容としては、会社が、講習の受講料や教材費、受検料などを全部または一部負担するなどが考えられます。

保管書類

　就業規則、求人広告またはこれに準ずる文書

対策分野	通し番号	加点難易度	法人全体	一部営業所	対象期間	対象 トラック	対象 バス	対象 タクシー
E	29-②	☺☻☹	2	1	基準日			

通し番号 29-①以外の運転者が利用できる資格取得支援制度を設けている（自由記述欄に導入している資格取得制度を記述）。
【例：運行管理者、フォークリフト、クレーン等】

ポイント解説

　既に運転者として働いている方を対象とし、運転者がキャリアアップを目指して下記のような資格を取得する際の支援制度を設定しており、その制度が就業規則や資格取得支援制度規程などに明記されており、運転者へ周知されている場合に要件達成となります。

（対象となる資格の例）
・運行管理者　　　・フォークリフト　　・クレーン
・危険物取扱者　　・整備士　　　　　　・けん引免許
・実用英語技能検定　・介護ヘルパー　等

保管書類

運転者への周知文書等

対策分野	通し番号	加点難易度	法人全体	一部営業所	対象期間	対象 トラック	対象 バス	対象 タクシー
E	29-③	☺☺☹	2	1	基準日			

常時選任する女性運転者がいる。

ポイント解説

　申請対象の営業所に運転者台帳に登録する常時選任する女性ドライバーがいる場合は、要件達成となります。

保管書類

常時選任する女性運転者を含む運転者台帳

対策分野	通し番号	加点難易度	法人全体	一部営業所	対象期間	対象 トラック	対象 バス	対象 タクシー
E	29-④	☺☺☹	2	1	基準日			

営業所に女性専用の便所および更衣室がある。また、仮眠施設または睡眠施設が必要な営業所の場合は、女性専用の当該施設がある。

ポイント解説

女性専用のトイレと更衣室は、どちらか一方しかない場合は要件達成となりません。必ず、両方設置されている必要があります。また、睡眠施設や仮眠施設が必要な営業所については、当該施設が設置されている場合に該当となります。

保管書類

女性専用の施設の図面または写真

対策分野	通し番号	加点難易度	法人全体	一部営業所	対象期間	対象 トラック	対象 バス	対象 タクシー
E	29-⑤	☺☺☹	2	1	基準日			

運転者の多様なニーズに対応した勤務シフトを設けている。
【例：育児中の女性運転者の早朝勤務・夜間勤務免除、中番がない早番・遅番の2シフト、短時間勤務等】

ポイント解説

この項目は、育児中のドライバーが働きやすいように短時間勤務制度や早朝勤務や夜間勤務を免除する制度があったり、中番がない早番・遅番の2シフトがあったりと、多様な働き方ができる制度があれば要件達成となります。近年では、育児介護休業法の改正等を踏まえ、法令に基づき短時間勤務制度などを制定しているかと思いますので、自社の育児介護休業規程などを確認してみましょう。

保管書類

労使協定、労働協約、就業規則またはこれに準ずる文書

対策分野	通し番号	加点難易度	法人全体	一部営業所	対象期間	対象
E	29-⑥	😊😐☹	2	1	基準日	トラック / バス / タクシー

運転者が利用できる仕事と家庭の両立に役立つ福利厚生制度を設けている。
【例：社内保育所、提携保育所、育児休暇、介護休暇、ダブル公休、希望日休等】

ポイント解説

　自治体の補助金制度などを利用しながら企業主導型保育事業を運営する運送事業者もありますが、そのような大がかりな制度がなくても要件達成は可能です。
　具体的には、育児休暇や介護休暇の利用、勤務シフトや休日の設定を、希望日で行える制度がある場合なども要件達成となります。子の看護休暇や介護休暇などは、育児介護休業法の改正により時間単位での取得ができるようになるなど、近年、制度の充実が図られているため、法令に則した制度が設けられていれば点数を獲得できる項目です。

保管書類

福利厚生制度の規程等

対策分野	通し番号	加点難易度	法人全体	一部営業所	対象期間	対象
E	29-⑦	😊😐☹	2	1	基準日	トラック / バス / タクシー

運転者が利用できる住居に関する福利厚生制度を設けている。
【例：社宅、社員寮、空き家紹介制度、住宅手当、転居手当等】

ポイント解説

　社宅制度（自社物件、借上げ等）や社員寮がある場合、住宅手当などが支給されている場合、転居を伴う異動などで転居手当を支給する場合、遠方の地域から採用した場合に空き家を紹介する場合など、運転者が利用できる住居に関する制度が設けられている場合に要件達成となります。

保管書類
福利厚生制度の規程等

対策分野	通し番号	加点難易度	法人全体	一部営業所	対象期間	対象 トラック	対象 バス	対象 タクシー
E	29-⑧	☺😐☹	2	1	基準日			

通し番号29-①〜29-⑦の取組みのほか、上記項目に該当しない多様な人材の確保・育成のための取組みを実施している（自由記述欄に取組みを記述）。

ポイント解説

自由記述欄です。通し番号29-①〜⑦に該当しない取組みを実施している場合は、その取組み内容を記載してください。なお、保管書類は取組み内容を実施していることを証明・確認できる書類等となります。

（記述例）
・社員紹介制度
・女性バス運転手協会に加入して情報収集に努めている。

保管書類

上記を証する書類

対策分野 F　自主性・先進性等

　「対策分野 F　自主性・先進性等」で審査されるのは、通し番号 30 の項目です。6 つの小項目の中から必要な基準点数の達成が求められる選択必須項目ですが、二つ星の審査のみに適用される項目です。

　基準点を獲得するには、30-①～30-⑥の項目で少なくとも合計 6／10 点以上（トラック）、5／8 点以上（貸切バス）、4／8 点以上（乗合バスおよびタクシー）となることが必要です。

対策分野	通し番号	加点難易度	法人全体	一部営業所	対象期間	対象		
						トラック	バス	タクシー
F	30-①	☺☺☹	2	1	過去3年間			

腰痛、転倒等の労働災害の発生の防止や業務の軽労働化・快適化のための投資を行っている。
【例：テールゲートリフター、パワーアシストスーツ、フォークリフト、AT 車、便所、休憩室の改善、タクシーの自動日報作成システム等】

ポイント解説

　自動車運転者は、長時間同じ姿勢で運転業務を行うだけでなく、重量物の荷役作業や高所となる荷台での作業を行う業務もあるため、慢性的な腰痛や転倒などの危険があります。

　この項目では、過去 3 年間に、腰痛、転倒等の労働災害の防止や業務の軽労働化・快適化につながる機器の導入や施設の改善などを行っている場合に点数を獲得できます。

　（例）・テールゲートリフター　・パワーアシストスーツ

- フォークリフト ・AT車 ・トイレ、休憩室の改善
- タクシーの自動日報作成システム　等

保管書類

請求書、領収書等

対策分野	通し番号	加点難易度	法人全体	一部営業所	対象期間	対象（トラック／バス／タクシー）
F	30-②	☺😐☹	2	1	基準日	

労働時間の短縮、多様な人材の確保・育成、業務の軽労働化・快適化等の労働条件や労働環境を向上させるための自主的、積極的、独創的、先進的または高度な取組みを実施している。
【例：社員表彰制度、キャリアパスの明示、部活動・同好会への支援、レクリエーションの実施、マッサージ器の導入等】

ポイント解説

運転者が働く上でのモチベーション向上などにつながる取組みを実施しているかを確認する項目です。社内レクリエーションなどの様子をSNSなどでアップしたり部活動を積極的に支援したりして、若手採用を行う会社などもあるようです。

保管書類

上記を証する書類

対策分野	通し番号	加点難易度	法人全体	一部営業所	対象期間	対象		
						トラック	バス	タクシー
F	30-③	☺😐☹	2	1	認定・認証等は基準日、表彰は過去3年間			

　労働安全衛生、健康経営、次世代育成支援、若者の採用・育成、女性の活躍促進、環境経営等に取り組む優良な事業者等として公的な認定・認証等を受けている。または、国、地方自治体、警察または陸上貨物運送事業労働災害防止協会、交通安全協会から、長時間労働の是正等の働き方改革や労働安全衛生、交通安全に関する表彰を受けたことがある。

【対象】
・安全衛生優良企業（厚生労働省）
・健康経営優良法人（経済産業省）
・くるみん（厚生労働省）
・ユースエール（厚生労働省）
・えるぼし（厚生労働省）
・女性ドライバー応援企業認定制度（国土交通省）
・労働安全マネジメント、環境マネジメント、道路交通安全マネジメント、品質マネジメント、衛生・安全・環境マネジメントに関するISO認証（例：ISO45001、ISO14001、ISO39001、ISO9001、HSE等）
・グリーン経営認証制度（交通エコロジー・モビリティ財団）
・引越事業者優良認定制度（引越安心マーク）
・優秀安全運転事業所表彰（自動車安全運転センター）
・その他の公的な認定・認証等であって、認証団体が適当と認めるもの

ポイント解説
中小企業や運送会社が取得できる認証制度には様々なものがあります。都道府県単位で募集するものも増えていますので、自社の取組みに見合った制度取得に取り組んでみましょう。

保管書類
上記を証する書類

対策分野	通し番号	加点難易度	法人全体	一部営業所	対象期間	対象
F	30-④	☺😐☹	2	1	基準日	トラック

　認証申請の対象事業所の過半数において、貨物自動車運送事業安全性評価事業（Gマーク制度）の認定を受けている。

ポイント解説
Gマークは、貨物自動車運送事業において安全性の高さなどを評価し認証する制度です。このGマークの取得状況について確認する項目です。

保管書類
認定証の本紙

対策分野	通し番号	加点難易度	法人全体	一部営業所	対象期間	対象
F	30-⑤	☺☺☹	2	—	基準日	バス

　貸切バス事業者安全性評価認定制度（セーフティバスマーク）の認定を受けている。

ポイント解説
セーフティバスマークは、貸切バスの輸送の安全性を評価し認証する制度です。このセーフティバスマークの取得状況について確認する項目です。
保管書類
認定証の本紙

対策分野	通し番号	加点難易度	法人全体	一部営業所	対象期間	対象
F	30-⑥	☺☺☹	2	-	基準日	トラック
「トラック運送業における下請・荷主適正取引推進ガイドライン」（国土交通省）を踏まえ、同様の対応を行うように努める方針を企業のトップが明文化するとともに、従業員に周知している。							

ポイント解説
自社の従業員に向け、会社としてガイドラインに即した方針を発信していることの確認です。
保管書類
従業員への周知文書など

[第5章]

電子申請の流れ

I トップページから申請ポータルサイトにアクセスする

☑ トップページ

☑ メニュー

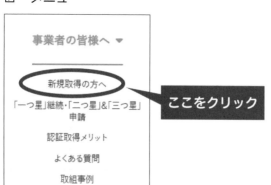

トップページのメニューから「事業主の皆様へ」にマウスポインターを近付けるとメニューが表示されるので、「新規取得の方へ」を選んでクリックします。

申請ポータルサイトでアカウントを作成する

　電子申請を行うには、運転者職場環境良好度認証制度支援システム（申請ポータルサイト）でのアカウントの作成が必要となります（一部電子申請の場合もアカウントの作成は必要です。以下、Ⅴまでの手順は一部電子申請の場合も同様です）。一度作成してしまえば、サイトにログインすることで継続申請や「二つ星」など上の認証段階の審査申込み等もすることができます。

　アカウントの作成は、次の手順で行います。

STEP 1	「運転者職場環境良好度認証制度支援システム」（申請ポータルサイト）にアクセスする
STEP 2	メールアドレスを入力する
STEP 3	認証コードが記載されたメールを確認する
STEP 4	「運転者職場環境良好度認証制度支援システム」画面上で認証コードを入力し、パスワードを設定する →　「アカウント作成完了」が表示される
STEP 5	「アカウント」と「パスワード」が記載されたメールを確認する
STEP 6	「運転者職場環境良好度認証制度支援システム」画面上で「アカウント」と「パスワード」を入力してログインする →　申請に必要な情報の入力が可能に

1 STEP1・2　申請ポータルサイトにアクセスしてメールアドレスを入力

☑　「新規取得の方へ」画面

　「アカウントを新規作成」のところでクリックすると、「運転者職場環境良好度認証制度支援システム」（申請ポータルサイト）の画面に切り替わりますので、メールアドレスを入力します。

☑ 「運転者職場環境良好度認証制度支援システム」画面

2 STEP3・4　認証コードを確認、入力してパスワードを設定

入力したメールアドレス宛に認証コードが送られてきますので、入力して「次へ」をクリックします。

アカウントを作成するのが実在する人間であることの認証を求められますので、チェックを入れて「次へ」をクリックします。すると、パスワードの設定を求められますので設定し、「次へ」をクリックします。

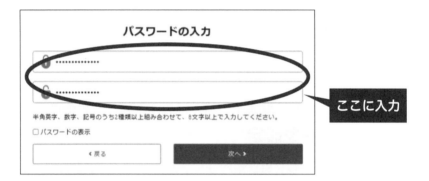

3 STEP5 「アカウント」「パスワード」情報が記載されたメールを確認

　次ページのように「アカウント作成完了」と表示され、再び入力したメールアドレス宛に「アカウント」と「パスワード」が送られてきます。ログイン画面で両方の入力を求められます。

　本システムは、途中まで入力した内容を保存して電子申請を中断、再開することが可能となっています。再開の際や申請後に通知内容を確認する際には、毎回ログインすることとなるので、アカウントとパスワードは保存しておきましょう。

4 STEP6 申請ポータルサイトにログイン

Ⅱ 申請ポータルサイトでアカウントを作成する

事業者情報等を入力する

　申請ポータルサイトでは、まず申請事業者情報を入力し、その後審査の申込みへと進みます（詳細はⅣ以下参照）。

　申請事業者情報として入力するのは、登記上の本社情報です。次の情報を入力します。

　②は、和名が「Aトラック株式会社」であればローマ字は「A truck」のように入力し、「株式会社」等の表記は不要です。

```
①　法人番号
②　会社名（和名・ローマ字）
③　郵便番号
④　都道府県
⑤　市区町村
⑥　丁目番地
⑦　ビル名
⑧　階・号室
⑨　電話番号
⑩　FAX 番号
```

　登記上の本社で事業を行わず別に本社を設けている場合は、同じ画面の少し下にある「実質上の事業者情報」のところで、同様の情報を入力します。登記上の事業者情報と同じ場合は、「上記、登記上の事業者情報と同じ」にチェックを入れます。

130

第 5 章　電子申請の流れ

☑ 申請事業者情報入力画面

実質上の事業者情報

登記上の本社で事業を行わず別に本社を設けられている場合は、本社機能を有する**実質的な本社**をご入力ください。
実質上の事業者情報に記載された会社名及び所在地はそのまま登録証書に記載されます。 ※ は必須項目です。

なお、実質上の事業者情報が、上記の登記上の事業者情報と同じ場合は、下記をチェックしてください。

☐ 上記、登記上の事業者情報と同じ ← ここにチェック

会社名（和名） ※　　例：○○株式会社

III 事業者情報等を入力する

次に、「請求先情報」として、「上記 実質上の事業者情報」と同じ会社宛とする場合は「上記 実質上の事業者情報に同じ」に、異なる会社宛とする場合には「その他」にチェックを入れて請求先会社名、請求先部課名、住所を入力します。
　すべて入力し終えたら画面右下の「保存」を押します。

　これで事業者情報の入力は終了です。次からの審査申込み画面には、ここで入力した情報が反映され表示されます。

Ⅳ 申し込む審査を選択する

　事業者情報を入力したら、Top メニューで申し込む審査を選択して申込みを行います。
　「一つ星」新規申請の場合は、画面右側の「一つ星（新規）の申込み」をクリックすると、「申込み情報」が表示されるので、認証段階、認証単位、対象都道府県が正しく表示されているか確認します（一つ星の継続申請や二つ星の申請が可能な会社については、左下の「申込み済み申請一覧」のスペースに申込み可能な申請が表示されます）。

☑　Top メニュー

Ⅴ 審査申込み画面で情報を入力し、申請する

審査申込み画面では、次の6ステップで情報を入力します。

STEP 1	事業者・申込み情報・担当者・請求先情報の入力
STEP 2	本社・営業所情報の入力
STEP 3	認証項目の入力
STEP 4	参考項目の入力
STEP 5	提出書類のアップロード
STEP 6	最終確認、申請

1 STEP1　事業者・申込み情報・担当者・請求先情報の入力

　提出書類を郵送で提出する場合は、「書類の提出方法」のところで「すべて電子で提出」ではなく「提出書類は郵送で提出」にチェックを入れます。

　事業者情報・請求者情報については、既に入力した内容が反映されて表示されますので、未入力の「ご担当者情報」として下記の事項を入力します。

① 氏名
② 部署名
③ 役職

④ 電話番号
⑤ FAX番号
⑥ メールアドレス

　メールアドレスは、メインとサブの2つを登録することができます。サブは登録しなくても手続きを進められますが、申請後、協会からの連絡事項はここで登録するメールアドレス宛に届きますので、確認漏れがないよう登録してあると安心です。

　また、認証を取得した場合にホームページで「認証事業者一覧」として表示されることを希望する場合は、表示してほしい自社のリンク先URLを「公開URL情報」のところに入力します。

2 STEP2　本社・営業所情報の入力

　入力に関する注意点等に続いて入力スペースが表示されていますので、次の情報を入力します。

① 本社（または一営業所目）名
② 労働者数
③ 郵便番号
④ 都道府県
⑤ 住所（ビル名・号室）
⑥ 電話番号
⑦ 就業規則届出方法
⑧ 36協定届出方法

　本社以外に営業所がある場合は、画面右下の「＋営業所追加」を押すと、営業所情報を入力するスペースが表示されるので、上記と同様の情報を入力します。

☑ 本社情報入力スペース

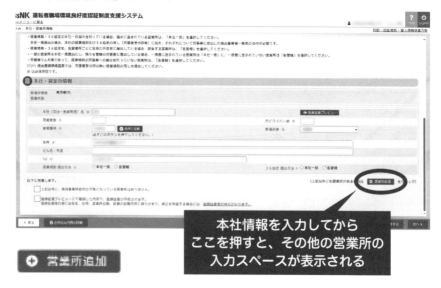

本社情報を入力してから
ここを押すと、その他の営業所の
入力スペースが表示される

☑ 営業所情報入力スペース

入力途中で中断された状態が続く
と、システムからログアウトして
しまうので、続きから入力できる
よう内容を保存しておく

3 STEP3 認証項目情報の入力

(1) 代表者名・基準日の入力

はじめに代表者名を入力し、申請を行う月の前月の任意の日を「基準日」として入力します。

☑ 認証項目情報入力画面

対象期間:
・認証項目の対象期間欄が「基準日」となっている項目は、入力した基準日時点を対象とします。
認証項目の対象期間欄が「過去○年間」となっている項目は、入力した基準日を起点とし、過去○年間を対象期間とします。
例えば、基準日が2020年10月15日の場合、過去1年間は、2019年10月16日から2020年10月15日までが対象になります。

（2）必須項目の自認チェック

　続いて、対策分野ごとの認証項目が表示されます。左にチェックを入れる欄がありますので、達成できている項目にチェックを入れていきます。

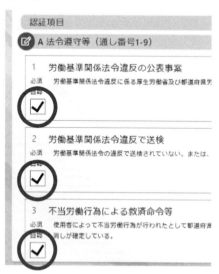

(3) 選択必須項目の自認チェック

　選択必須項目については、達成できている小項目にチェックを入れるとともに、画面の右側に表示される「判定対象」のところにもチェックを入れます。

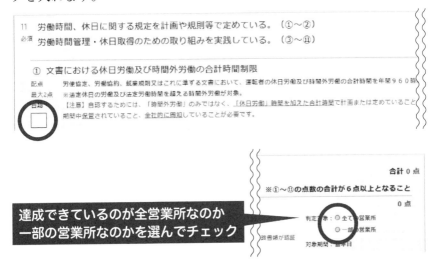

　チェックを入れると得点数が表示されます。当該項目の基準点に到達しているか、確認しながら入力を進めましょう。

中には、達成要件に関する注意事項が表示されるものもあります。「OK」をクリックすると当該小項目にチェックを入れられます。

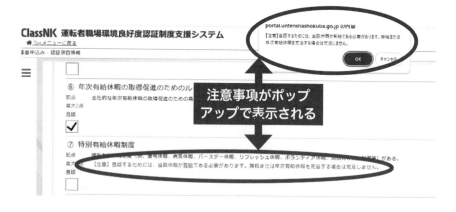

（4）自由記述欄の入力

通し番号 11-⑪や 18-②のように取組み内容を記述させるものは、囲みの自由記述欄に入力します。

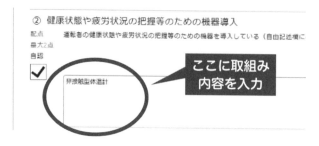

4 STEP4 参考項目の入力

　参考項目は、認証の合否には関係しませんが、事業者のさらなる取組みを促し、将来の制度拡充の観点から設けられている項目です。そのため、達成できている項目があれば自認チェックを入れますが、なければ「該当する項目はありませんでした。」にチェックを入れ、画面右下の「次へ」ボタンを押して提出書類のアップロードへと進みます。

　提出書類を郵送する場合は、提出書類のアップロードは行わずに、画面の右下にある「次へ」ボタンを押して申込みに進みます。申込みが完了すると、画面に「提出書類郵送用の送付状をダウンロードし、書類に同封のうえ、ご提出をお願いします」と表示されるので、ダウンロードしてプリントアウトし、必要事項を記載し同封します（送付状は提出書類の一番上に添えます）。

　提出書類と送付状は、いずれもA4サイズに統一してください。

V　審査申込み画面で情報を入力し、申請する

Ⅵ STEP5 提出書類のアップロード

　ここからは、電子申請を選択した場合の手順です（一部電子申請の場合は、紙の提出書類を郵送しますので、Ⅷを参照してください）。

1 提出書類を用意する

　提出書類は、次の6種類です（詳細は第2章Ⅱ参照）。まず、これらの書類のPDFファイルを用意してアップロード画面を開きます。

- (1) 就業規則の写し
- (2) 36協定の写し
- (3) 労働条件通知書（または雇用契約書）の写し
- (4) 安全衛生委員会等関連書類の写し
- (5) 定期健康診断結果報告書の写し
- (6) 事業改善報告書の写し

☑　提出書類アップロード画面

142

第5章　電子申請の流れ

2 提出書類をアップロードする

アップロードは、1種類ずつ行います。

アップロードするPDFファイルの上にマウスポインタを移動させ、一度左クリックしてファイルを選択した状態のままマウスポインターを画面上の囲みに移動させると、ファイルをドロップしてアップロードすることができます。

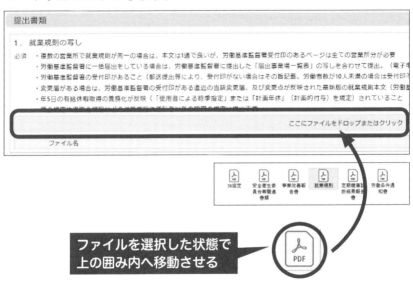

第2章Ⅱのとおり、提出書類の中には、就業規則のように営業所に在籍する従業員の数によってはそもそも届出が不要で提出不要なものがあります。画面の右側にある「提出が必要な営業所情報の確認」を押すと、どの営業所がどの書類の提出対象になっているかを確認することができます。

☑ 「提出が必要な営業所情報の確認」ページ

提出が必要な営業所情報の確認
提出書類1：就業規則の写し
提出書類2：36協定の写し

STEP2-営業所情報にてご入力いただいた内容を表示しています。

本社一括届の場合、本社の就業規則及び36協定の写し（労基署受付印有）に加え、それぞれについて労基署に提出した届出事業場一覧表の添付が必要です。
労働者10人未満であって、就業規則の労基署への届出を行っていない営業所については、労基署受付印の無い就業規則の写しを提出してください。

No.	営業所名	労働者数	就業規則 届出方法	提出要否	36協定 届出方法	提出要否
0			各管轄	必要	各管轄	必要
1			各管轄	必要	各管轄	必要
2			各管轄	必要	各管轄	必要

STEP6 最終確認、申請

1 入力内容を確認して申請する

すべての項目の入力を終え、添付書類をアップロードしたら、事業者情報や認証項目の自認結果などこれまでに入力した内容が表示されますので、誤りや漏れがないかを確認します。画面の下側にある「お申込み内容の印刷」ボタンを押して入力内容を印刷して確認することもできます。

どの審査項目にチェックを入れたかや獲得点数も表示されますので、チェック漏れがないかや基準点数に達しているかを確認してください。

ここで入力内容を印刷することも可能

通し番号順にチェックを入れたかが表示される

獲得点数が表示される

146

第 5 章　電子申請の流れ

提出書類について、例えば就業規則の写しや36協定の写しに労働基準監督署の受付印がないなどの事情がある場合は、「特記事項」欄に入力します。

　すべての項目を入力し終えたら、「確認と同意」のところにチェックを入れ、画面右下の「申込」ボタンを押して申し込みます。完了すると画面が切り替わり、申込み番号が表示されます（通知メールも届きます）。

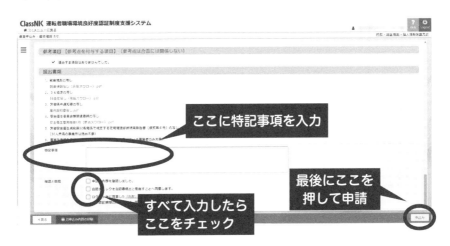

☑　特記事項入力スペース

☑　確認と同意のチェック欄

2 申請完了後に行う操作

(1) 受付完了の通知を確認し、審査料を入金する

申込みが受け付けられると、**V 1** で登録したメールアドレスに通知が届きます。

メールを開くと、申請ポータルを開いてメッセージを確認するよう案内されますので、メールに記載された URL をクリックして「運転者職場環境良好度認証制度支援システム」(申請ポータルサイト)にログインします。

Top メニューの左上にある「審査に関するメッセージ」のところに協会からの新着メッセージを知らせる表示があり、下側の「メッセージ／書類ダウンロード」ボタンのところに赤い丸印が付いていますので、ボタンを押してメッセージを開きます。このメッセージは、審査料を入金するための請求書が発行されたことを知らせるメッセージです。2週間以内に入金しないと審査が進みませんので、速やかに請求書をダウンロードして入金手続きを行いましょう。

☑ Top メニュー

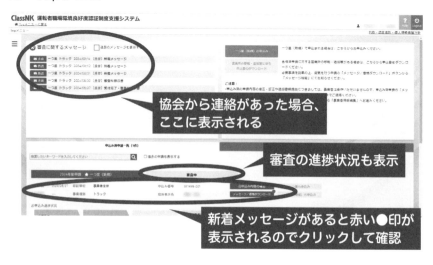

☑ 申込み済申請一覧部分

新着メッセージがあることを伝える赤い丸印

　メッセージを開くと、一番上に入力スペースが表示されており、下に協会からのメッセージが表示されています。

☑ メッセージ画面

質問事項や連絡事項はこのスペースに入力

メッセージは一番新しいものが一番上に表示され、古いものは下にスクロールすると表示される

Ⅶ STEP6 最終確認、申請

また、同じメッセージ画面の右上にある「書類のダウンロード」スペースに発行された「審査請求書」が表示されていますので、ダウンロードします。

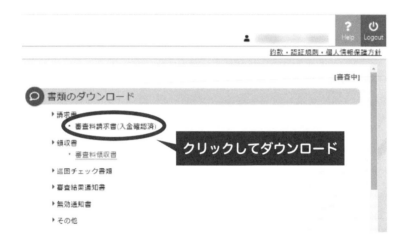

　メッセージを確認したら「既読にする」ボタンをクリックしましょう。
　入金が確認されると再びメッセージが届き、審査が開始されます。なお、審査中に事業者への確認事項があった場合もメールで通知が届きますので、メールが届いたらシステムにログインしてメッセージを確認します。書類の追加提出が必要になった場合など、未対応のままでは審査が止まってしまいますので、メールが届いたら必ずメッセージをチェックしましょう。

150
第5章　電子申請の流れ

(2) 申請内容の修正・訂正や書類の追加提出を行う場合

提出書類の追加や差替えも、このメッセージ機能を使って行います。Top メニューには下記のように表示されており、申請をやり直す必要はありません。

> ご注意：
> ・申込み済の申請内容の修正・訂正や追加書類提出につきましては、事業者は操作いただけませんので、申込み済申請の「メッセージ／書類ダウンロード」のメッセージ機能をご利用のうえ、弊会までご連絡ください。
> ・事業者情報の修正につきましては、画面左のアイコン（横三本線）から「事業者情報編集」へお進みください。

書類の追加提出を行う場合は、メッセージを入力するスペースの下に、ファイルをドロップするスペースがありますので、Ⅵ 1 と同じようにここへファイルをドラッグ＆ドロップして送信準備を行います。スペースの下の表の中に提出したいファイル名が表示されていることを確認したら、「送信」ボタンを押して提出します。

Ⅶ 紙による申請を行う場合

1 申請書類を入手する

　ホームページから申請書類（PDF 形式）をダウンロードし、必要事項を入力して A4 サイズでプリントアウトするか、プリントアウトした上で記入します。

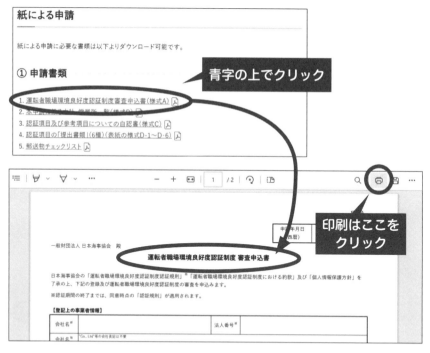

　青字で表示されている書類名の上でクリックすると、画面が切り替わり、書類が表示されます。

2 申請書類に必要事項を記入する

　記載のしかたは、公式ホームページに掲載されている案内書を参照してください。

　審査料は、これらの申請書類を郵送した後請求書が送られてきますので、届いたら2週間以内に入金します。入金が確認されると、審査が開始されます。

☑ 運転者職場環境良好度認証制度 審査申込書（様式A）

様式A

申請年月日 （西暦）	年	月	日

一般財団法人 日本海事協会　殿

運転者職場環境良好度認証制度 審査申込書

日本海事協会の「運転者職場環境良好度認証制度認証規則」※「運転者職場環境良好度認証制度における約款」及び「個人情報保護方針」を了承の上、下記の登録及び運転者職場環境良好度認証制度の審査を申込みます。

※認証期間の終了までは、同意時点の「認証規則」が適用されます。

【登記上の事業者情報】

会社名※				法人番号※		
会社名※ （ローマ字）	"Co., Ltd"等の会社表記は不要					
所在地※ （住所）	郵便番号		-	都道府県		
	市区町村			丁目番地		
	ビル名			階・号室		
Tel※		-	-	Fax	-	-

【実質上の事業者情報】
登記上の本社で事業を行わず別に本社を設けられている場合は、本社機能を有する実質的な本社をご入力ください。実質上の事業者情報に記載した会社名及び所在地はそのまま登録証に記載されます。※は必須項目です。

なお、実質上の事業者情報が、上記の登記上の事業者情報と同じ場合は、記入不要です。下記をチェックしてください。

☐ 上記、登記上の事業者情報と同じ

所在地※ （住所）	郵便番号		-	都道府県		
	市区町村			丁目番地		
	ビル名			階・号室		
Tel※		-	-	Fax	-	-

【ご担当者情報】
申込みや審査担当者からの連絡の際に通知のメールが送信されます。e-Mailは少なくとも1件は必ずご記入ください。※は必須項目です。

氏名※	
所属名	
役職	
Tel※	- -
Fax	- -
e-Mail※	
e-Mail（予備）	

2枚目につづく

日本海事協会使用欄（以下の欄には記入しないでください）

受付年月日	受付番号	申込み番号	担当者

第5章　電子申請の流れ

様式A

(審査申込書 つづき)

【申込み情報】 ※は必須項目です。

申し込む項目にレ点を記入してください。

認証段階※	□一つ星 新規	□一つ星 継続	□二つ星 □巡回チェック5)※ (認証取得後のチェック)の希望	認証単位3)※	□事業者全体 □一部都道府県 都道府県名（　　　　　　　）
事業種別1),2)※	□トラック　□バス　（□貸切バス　□乗合バス）　□タクシー					
申請の 基本要件※	事業許可取得後3年以上経過している。　□はい　□いいえ　「いいえ」の場合は下欄に事由を記入してください					
	事由6)					

1) 事業種別は、トラック、バス、タクシーのいずれか一つを選択してください（認証は事業種別毎に行われるため、複数の事業（例えば、バス事業とタクシー事業）を一つの会社で行っている場合は別々にお申込みをお願いします）。
2) バスを選択した場合は、事業種別の詳細（貸切バス又は乗合バス（両方行っている場合は両方））を選択してください。
3) 認証を申請する単位が事業者全体（法人単位）の場合は「事業者全体」に選択し、一部の都道府県単位で認証を申請する場合は「一部都道府県」を選択し、都道府県を設定してください。1つの都道府県にのみ、営業所が複数ある場合は、「一部都道府県」ではなく、「事業者全体」を選択してください。
4) 「いいえ」の場合であっても、企業グループの再編等により事業許可取得後3年以上経過している事業者の就業規則等を承継して運送事業を行っている場合等、特別な事由がある場合は申請が認められる場合があります。そのような場合は事由を記入してください。
5) 巡回チェックを希望される場合、対象営業所を様式Bの該当欄に✓を入れて選択してください。

【請求先情報】 請求書の宛名が上記実質上の事業者情報と異なる場合は「その他」にチェックのうえ、請求先会社名、請求先部署名及び住所をご記入ください。※は必須項目です。

□実質上の事業者情報と同じ		□その他	
請求先会社名※		請求部課名	
請求先会社名※ （ローマ字）	"Co., Ltd"等の会社表記は不要		
住所※	〒　　ー	Tel	ー　　ー

【公開URL情報】 （任意）本会のホームページで公開する認証事業者一覧に上記URLへのリンクが表示されます（求職者へのPR等にご利用いただけます）。

事業者webサイト	

【事業規模等情報】 （任意）以下の項目は本制度の普及推進のために調査するものです。

	車両数規模	従業員数規模	資本金規模
事業規模	□個人	□個人	□個人・公営
	□10両以下	□10人以下	□500万円以下
	□11両〜30両	□11人〜30人	□500万円超〜1,000万円
	□31両〜50両	□31人〜50人	□1,000万円超〜5,000万円
	□51両〜100両	□51人〜100人	□5,000万円超〜1億円
	□101両〜300両	□101人〜300人	□1億円超〜3億円
	□301両以上	□301人以上	□3億円超
	全日本トラック協会 日本バス協会　　　　　への所属5) 全国ハイヤー・タクシー連合会	□所属している	
		□所属していない	

5)各都道府県協会等への所属を含みます。

Ⅷ　紙による申請を行う場合

☑ 本申請に係る本社・営業所一覧（様式B）

第5章 電子申請の流れ

☑ **運転者職場環境良好度認証制度の申請に係る自認書（様式C）**

様式C

運転者職場環境良好度認証制度の申請に係る自認書

一般財団法人 日本海事協会　殿

　　　　　　　　　　　　　　　　　　　　　　　　　　　年　　　月　　　日

会社名		印
代表者名		

　運転者職場環境良好度認証制度の申請にあたり、運転者の労働条件や労働環境に対する取り組みに関する認証項目・参考項目について、下記のとおり自認します。

注1)　基準日は、申請月の前月の任意の日を申請者が指定してください。

注2)　各項目について自認できる場合は「○」を記入し、自認できない場合、該当がない場合は何も記入しないでください。点数の欄は認証申請の対象営業所の全てが該当する場合は「2点」、対象営業所の一部が該当する場合は「1点」に「○」を記入してください。

注3)　通し番号ごとに合計し採点欄に記入してください。（カッコ内の点数は認証に必要な点数を記載しています。）
なお、「必須」と記入された項目は採点不要です。

認 証 項 目

「認証項目」は、本認証制度において合否を判定するための項目で、全ての項目を満たす必要があります。ただし、一部の認証項目には複数の小項目（選択必須項目）が設定されており、すべての小項目（選択必須項目）を満たさなくても、設定された基準（カッコ内の点数）に達していればその評価項目が満たされます。

【A. 法令遵守等】　　　　　　　　　　　　　　基準日[注1]　　　　年　　　月　　　日

通し番号	認　証　項　目	対象期間	自認[注2]	採点[注3]
1.	労働基準関係法令違反に係る厚生労働省及び都道府県労働局の公表事案として同省等のホームページに掲載されていない。	過去1年間		必須
2.	労働基準関係法令の違反で送検されていない。または、送検されたが不起訴処分又は無罪となっている。			必須
3.	使用者によって不当労働行為が行われたとして都道府県労働委員会又は中央労働委員会から救済命令等を受けていない。または、中央労働委員会による再審査又は取消訴訟により、救済命令等の取消しが確定している。			必須
4.	道路運送法、貨物自動車運送事業法等に基づく行政処分の累積違反点数が20点を超えていない。			必須
5.	就業規則が制定され、労働基準監督署長に届出されている。また、従業員に周知されている。			必須
6.	36協定が締結され、労働基準監督署長に届出されている。また、従業員に周知されている。			必須
7.	従業員と労働契約を締結する際に、労働条件通知書を交付し、説明を行っている。			必須
8.	本認証制度に基づく認証を取り消されていない。			必須
9.	本認証制度に基づく認証に関し、例えば、認証事業者ではないにも関わらず認証マークを表示するなど、事実とは異なる内容を表示又は説明していない。			必須

Ⅷ　紙による申請を行う場合

様式C

【B. 労働時間・休日】

通し番号	認証項目	対象期間	自認	採点
10.	認証申請の対象営業所について、月の拘束時間（トラック・タクシー）、月の拘束時間あるいは4週間を平均した1週間当たりの拘束時間（バス）又は休日労働の限度違反に対する行政処分による累積違反点数が5点を超えていない。 ※道路運送法、貨物自動車運送事業法等に基づく行政処分が対象。	過去1年間		必須
11.	**労働時間、休日に関する規定を計画や規則等で定めている。**			
	① 労使協定、労働協約、就業規則又はこれに準ずる文書において、運転者の休日労働及び時間外労働の合計時間を年間960時間以内に制限することを計画している、又は定めている。 ※法定労働時間を超える時間外労働が対象。		2点	1点
	② 労使協定、労働協約、就業規則又はこれに準ずる文書において、運転者の連続勤務を12日以内に制限することを計画している、又は定めている。		2点	1点
	労働時間管理・休日取得のための取り組みを実践している。			
	③ フルタイムの運転者の年間の休日数が平均105日以上（※注）である。（計画でも可） ※注：年次有給休暇を除く（年間の法定休日及び法定外休日の合計が平均105日以上）		2点	1点
	④ フルタイムの運転者について、完全週休2日制（※注）を採用している。 ※注：1年を通して、毎週2日の休日がある。		2点	1点
	⑤ 労働基準法で義務付けられている日数を超える年次有給休暇を付与している。		2点	
	⑥ 全社的な年次有給休暇の取得促進のための具体的なルールを設けている。		2点	
	⑦ 特別有給休暇制度（例．慶弔休暇、病気休暇、バースデー休暇、リフレッシュ休暇、ボランティア休暇、消滅有休積立制度等）がある。		2点	
	⑧ 運転者ごとに拘束時間、運転時間、休憩時間、休息期間を一覧表の形式で管理しているか、又はこれと同等以上の水準でソフトウェアにより管理している。		2点	1点
	⑨ デジタル式運行記録計（デジタコ）を導入し、分析ソフトを使用して運用している。		2点	1点
	⑩ 事業者の代表者又は担当役員が、四半期毎以上の頻度で、以下の項目について報告を受けているか、又は自ら把握している。 【把握事項：対象営業所の時間外労働時間、休日労働時間、有給休暇取得の状況】	基準日	2点	（一つ星 6点 二つ星 12点）
	⑪ その他、上記項目に該当しない労働時間管理・休日取得のための取り組みを実施している（自由記述欄に取り組みを記述）。 自由記述欄 （「自由記述欄」に記述がなかった場合は、本通し番号（11-⑪）を満たしていないものとする。）		2点	
12	運転者ごとに時間外労働時間及び休日労働時間を賃金台帳などで適切に管理しているか、又はこれと同等以上の水準でソフトウェアにより管理している。	基準日		必須
13.	労使協定、労働協約、就業規則又はこれに準ずる文書において、運転者の時間外労働の合計時間を年間960時間以内に制限している。 ※法定労働時間を超える時間外労働が対象。	基準日		必須
14.	労使協定、労働協約、就業規則又はこれに準ずる文書において、運転者の勤務終了後の休息期間を9時間以上（隔日勤務を実施する場合、22時間（タクシー）,20時間（トラック,バス）以上）確保している。	基準日		必須

様式C

【C. 心身の健康】

通し番号	認証項目	対象期間	自認	採点
15.	労働安全衛生法令に基づき、安全委員会、衛生委員会又は安全衛生委員会が設置されているか、安全、衛生に関する事項について従業員の意見を聴くための機会が設けられている。	基準日		必須
16.	認証申請の対象営業所について、健康診断受診義務違反に対する行政処分による違反点数を受けていない。	過去1年間		必須
17.	所要の健康診断を実施し、その記録・保存が適正にされている。	過去1年間		必須
18.	**心身の健康に関する先進的な取り組みを実施している。**			
	① 法令で定められた健康診断以外の健康診断（脳・心臓・消化器系疾患や睡眠障害等に関するスクリーニング検査等）を実施している。		2点 1点	
	② 運転者の健康状態や疲労状況の把握等のための機器を導入している（自由記述欄に導入している機器を記述）。 自由記述欄 （「自由記述欄」に記述がなかった場合は、本通し番号（18-②）を満たしていないものとする。）		2点 1点	（一つ星6点二つ星8点）
	③ 従業員の心身の不調を未然に防ぐ取り組みを実施している。 ※メンタルヘルス診断、苦情対応研修、健康に関する教育機会の設定等を想定	基準日	2点 1点	
	④ 管理職や人事担当者による人事面談を年1回以上実施している。		2点 1点	
	⑤ パワハラ、セクハラ等のハラスメントの相談窓口となる部署又は担当者、連絡先を社内掲示等により従業員に周知している。		2点 1点	
	⑥ その他、上記項目に該当しない心身の健康に関する取り組みを実施している（自由記述欄に取り組みを記述）。 自由記述欄 （「自由記述欄」に記述がなかった場合は、本通し番号（18-⑥）を満たしていないものとする。）		2点 1点	

Ⅷ 紙による申請を行う場合

様式C

【D. 安心・安定】

通し番号	認 証 項 目	対象期間	自認	採点
19.	認証申請の対象営業所について、社会保険等加入義務違反に対する行政処分による違反点数を受けていない。	過去1年間		必須
20.	健康保険法、厚生年金保険法、労働者災害補償保険法及び雇用保険法に基づく社会保険等加入義務者として、社会保険等に適切に加入している。	過去1年間		必須
21.	運転者の安心・安定のための先進的な取り組みを実施している。			
	① 労働災害・通勤災害の上積み補償制度がある。		2点 1点	
	② 病気や怪我で働けない場合の所得補償制度がある。		2点 1点	
	③ 退職一時金制度、企業年金制度、中小企業退職金共済制度等の退職金制度を設けている。		2点 1点	
	④ 定年廃止、定年延長又は再雇用により、65歳を超えても働ける制度がある。		2点 1点	
	⑤ 採用当初から正社員採用としているか、又は採用当初は正社員ではない場合も1年以内に希望者全員を正社員に登用する方針を明示している。		2点 1点	
	⑥ その他、上記項目に該当しない運転者の安心・安定のための取り組みを実施している(自由記述欄に取り組みを記述)。 ※処遇・福利厚生面(「安全」に関するものは除く)での取り組み 自由記述欄 (「自由記述欄」に記述がなかった場合は、本通し番号(21-⑥)を満たしていないものとする。)	基準日	2点 1点	(一つ星4点二つ星8点)
22.	交通事故を発生させた場合の違約金を定めたり、損害賠償額を予定する契約をしていない。 ※労働基準法第16条参照。運転者の責任により実際に発生した損害について賠償を請求することは禁止されていないが、予め金額を決めておくことは禁止されている。	基準日		必須
23.	認証申請の対象営業所について、最低賃金法違反に対する行政処分による違反点数を受けていない。	過去1年間		必須
24.	最低賃金法に基づき、最低賃金額以上の賃金を支払っている。	過去1年間		必須
25.	歩合制度が採用されている場合でも各運転者の労働時間に応じ、各人の通常の賃金の6割以上の賃金が保障されている。あるいは、歩合制度を採用していない。	基準日		必須
26.	労働基準法に基づき、時間外労働、休日労働、深夜労働の割増賃金を支払っている。	基準日		必須
27.	労働基準監督署から累進歩合制度(※注)の廃止について指導文書の交付を受けていない。または、指導に応じ、累進歩合制度の廃止等改善状況について労働基準監督署に報告し、適正と認められている。若しくは、申請から2年以内に見直しを行うことを運転者に対し明示している。 ※注：歩合給制度であって、歩合給の額が非連続的に増減するもの。累進歩合給、トップ賞、奨励加給を含む。積算歩合給制とは異なる。	過去5年間		必須 (タクシーのみ)
28.	名目の如何を問わず、事業に要する以下の経費を運転者に負担させていない。または、申請から2年以内にこれらの経費を運転者に負担させないよう見直しを行うことを明示している。 ・クレジットカード、電子マネー、クーポン等の決済端末使用料・加盟店手数料 ・デラックス車、黒塗車、新車等の車両使用料 ・カーナビ、デジタル無線、デジタコ、ドライブレコーダー等の機器使用料 ・障害者割引に係る割引額	基準日		必須 (タクシーのみ)

様式C

【E. 多様な人材の確保・育成】

通し番号	認証項目	対象期間	自認	採点
29.	**多様な人材の確保・育成のための免許・資格取得支援制度を設けている。**			／ (一つ星 6点 二つ星 10点)
	① 運転免許の取得支援制度を設けている。	基準日	2点 1点	
	② ①以外の運転者が利用できる資格取得支援制度を設けている（自由記述欄に導入している資格取得制度を記述）。 【例：運行管理者、フォークリフト、クレーン等】 自由記述欄 （「自由記述欄」に記述がなかった場合は、本通し番号（29-②）を満たしていないものとする。）	基準日	2点 1点	
	女性運転手が働きやすい環境がある。			
	③ 常時選任する女性運転者がいる。	基準日	2点 1点	
	④ 営業所に女性専用の便所及び更衣室がある。また、仮眠施設又は睡眠施設が必要な営業所の場合は、女性専用の当該施設がある。		2点 1点	
	運転者のニーズに対応した勤務シフト、福利厚生制度等を設けている。			
	⑤ 運転者の多様なニーズに対応した勤務シフトを設けている。 【例：育児中の女性運転者の早朝勤務・夜間勤務免除、中番がない早番・遅番の2シフト、短時間勤務等】		2点 1点	
	⑥ 運転者が利用できる仕事と家庭の両立に役立つ福利厚生制度を設けている。 【例：社内保育所、提携保育所、育児休暇、介護休暇、ダブル公休、希望日休等】		2点 1点	
	⑦ 運転者が利用できる住居に関する福利厚生制度を設けている。 【例：社宅、社員寮、空き家紹介制度、住宅手当、転居手当等】		2点 1点	
	⑧ その他、上記項目に該当しない多様な人材の確保・育成のための取り組みを実施している（自由記述欄に取り組みを記述）。 自由記述欄 （「自由記述欄」に記述がなかった場合は、本通し番号（29-⑧）を満たしていないものとする。）	基準日	2点 1点	

Ⅷ　紙による申請を行う場合

様式C

【F．自主性・先進性等】 以降「二つ星」のみに適用

通し番号		認証項目	対象期間	自認	採点
	①	腰痛、転落等の労働災害の発生の防止や業務の軽労働化・快適化のための投資を行っている。 【例：テールゲートリフター、パワーアシストスーツ、フォークリフト、AT車、便所、休憩室の改善、タクシーの自動日報作成システム等】	過去3年間	2点	1点
	②	労働時間の短縮、多様な人材の確保・育成、業務の軽労働化・快適化等の労働条件や労働環境を向上させるための自主的、積極的、独創的、先進的又は高度な取り組みを実施している。 【例：社員表彰制度、キャリアパスの明示、部活動・同好会への支援、レクリエーションの実施、マッサージ器の導入等】	基準日	2点	1点
30	③	労働安全衛生、健康経営、次世代育成支援、若者の採用・育成、女性の活躍促進、環境経営等に取り組む優良事業者等として公的な認定・認証等を受けている。または、国、地方自治体、警察又は陸上貨物運送事業労働災害防止協会、交通安全協会から、長時間労働の是正等の働き方改革や労働安全衛生、交通安全に関する表彰を受けたことがある。 【対象】 ・安全衛生優良企業（厚生労働省） ・健康経営優良法人（経済産業省） ・くるみん（厚生労働省） ・ユースエール（厚生労働省） ・えるぼし（厚生労働省） ・女性ドライバー応援企業認定制度（国土交通省） ・労働安全マネジメント、環境マネジメント、道路交通安全マネジメント、品質マネジメント、衛生・安全・環境マネジメントに関するISO認証（Ex. ISO45001、ISO14001、ISO39001、ISO9001、HSE 等） ・グリーン経営認証制度（交通エコロジー・モビリティー財団） ・引越事業者優良認定制度（引越安心マーク） ・優秀安全運転事業所表彰（自動車安全運転センター） ・その他の公的な認定・認証等であって、認証団体が適当と認めるもの	認定・認証等：基準日 表彰：過去3年間	1点	（トラック6点 貸切バス5点 乗合バス、タクシー4点）
	④	【トラック事業のみ】 認証申請の対象事業所の過半数において、貨物自動車運送事業安全性評価事業（Gマーク制度）の認定を受けている。		2点	1点
	⑤	【バス事業のみ】 貸切バス事業者安全性評価認定制度（セーフティバスマーク）の認定を受けている。	基準日	2点	
	⑥	【トラック事業のみ】 「トラック運送業における下請・荷主適正取引推進ガイドライン」（国土交通省）を踏まえ、同様の対応を行うように努める方針を企業のトップが明文化するとともに、従業員に周知している。		2点	

162

第5章 電子申請の流れ

様式C

参 考 項 目

「参考項目」は合否には関係しませんが、事業者に更なる取り組みを促し、また将来の制度拡充の観点から実施する項目です。自認欄には、認証項目と同様に、認証申請の対象営業所の全てが該当する場合は「2点」、対象営業所の一部が該当する場合は「1点」に「○」を記入してください。また、採点欄には、通し番号ごとに点数を記入してください。

☐ 満たす参考項目がない(注4)	注4) 参考項目に満たす項目が一つもない場合は ☐ にチェックを入れてください。

【B. 労働時間・休日】

通し番号	参 考 項 目	対象期間	自認	採点
1.	認証申請の対象営業所について、月の拘束時間(トラック・タクシー)、月の拘束時間あるいは4週間を平均した1週間当たりの拘束時間(バス)又は休日労働の限度違反がない。 ※災害時の避難輸送・救援輸送・支援物資輸送、交通事故・急病人の発生・通行止め・道路交通渋滞等の不可抗力、タクシーにおける運送引受義務の遵守(運送1回分に限る。)その他客観的に避けることのできない事由により、必要な限度の範囲内で基準を超過した場合を除く。(時間の「実績」に関するこれ以降の認証項目についても同様の取扱いとする。)	過去1年間	2点	
2.	労使協定、労働協約、就業規則又はこれに準ずる文書において、運転者の休日労働及び時間外労働の合計時間を一定時間までに制限している。 ※法定休日の労働及び法定労働時間を超える時間外労働が対象。 (例)認証申請の対象営業所の全てを年間840時間以内に制限しており、一部の営業所を年間720時間以内に制限している場合： 2点(全営業所年間960時間以内)+2点(全営業所年間840時間以内)+1点(一部営業所年間720時間以内)=5点	年間960時間以内	2点 1点	
		年間840時間以内	2点 1点	
		年間720時間以内	基準日	2点 1点	
		単月100時間未満	2点 1点	
		2～6ヵ月の平均がいずれも80時間以内	2点 1点	
3.	労使協定、労働協約、就業規則又はこれに準ずる文書において、運転者の勤務終了後の休息期間を一定時間以上確保することを定めている。 (例)認証申請の対象営業所の全てで10時間以上確保しており、一部の営業所で12時間以上確保している場合：2点(全営業所10時間以上)+1点(一部営業所11時間以上)+1点(一部営業所12時間以上)=4点	10時間以上(隔日勤務を実施する場合,23時間(タクシー),21時間(トラック,バス))	2点 1点	
		11時間以上(隔日勤務を実施する場合,24時間(タクシー),22時間(トラック,バス))	基準日	2点 1点	
		12時間以上(隔日勤務を実施する場合,25時間(タクシー),23時間(トラック,バス)以上)	2点 1点	
4.	労使協定、労働協約、就業規則又はこれに準ずる文書において、運転者の連続勤務を一定日数以内に制限している。 (例)認証申請の対象営業所の全てを10日以内に制限しており、一部の営業所を8日以内に制限している場合： 2点(全営業所12日以内)+2点(全営業所11日以内)+2点(全営業所10日以内)+1点(一部営業所9日以内)+1点(一部営業所8日以内)=8点	12日以内	2点 1点	
		11日以内	2点 1点	
		10日以内	基準日	2点 1点	
		9日以内	2点 1点	
		8日以内	2点 1点	
5.	運転者の時間外労働の合計時間の実績は一定時間以内である。	年間960時間以内	過去1年間	2点	
6.	運転者の休日労働及び時間外労働の合計時間の実績は一定時間以内である。 (例)認証申請の対象営業所の全ての実績が年間720時間以内の場合： 2点(全営業所年間960時間以内)+2点(全営業所年間840時間以内)+2点(全営業所年間720時間以内)=6点	年間960時間以内	2点	
		年間840時間以内	2点	
		年間720時間以内	過去1年間	2点	
		単月100時間未満	2点	
		2～6ヵ月の平均がいずれも80時間以内	2点	
7.	運転者の勤務終了後の休息期間の実績は9時間以上(隔日勤務を実施する場合,22時間(タクシー),20時間(トラック,バス)以上)である。	過去1年間	2点 1点	
8.	運転者の連続勤務の実績は12日以内である。	過去1年間	2点 1点	
9.	運転者の年次有給休暇の平均取得日数は10日以上である。	過去1年間	2点	

Ⅷ 紙による申請を行う場合

様式C

【C. 心身の健康】

通し番号	参考項目	対象期間	自認	採点
10.	認証申請の対象営業所において、運転者が死亡した又は重傷（※注）を負った業務災害（当該運転者が第一当事者ではない交通事故を除く。荷役作業中の業務災害を含む。）が発生していない。 ※注：重傷とは次の傷害とする 　　イ　脊柱の骨折 　　ロ　上腕又は前腕の骨折 　　ハ　内臓の破裂 　　ニ　病院に入院することを要する傷害で、医師の治療を要する期間が30日以上のもの 　　ホ　14日以上病院に入院することを要する傷害 　　　（自動車事故報告規則（昭和26年運輸省令第104号）第二条第三号と同じ基準）	過去3年間	2点	

【E. 多様な人材の確保・育成】

通し番号	参考項目		対象期間	自認	採点
11.	認証申請の対象営業所における常時選任する運転者の年間離職率が一定割合未満である。 (参考)運輸業・郵便業の離職率（平成29年）：12.4% 　　　産業計の離職率（平成29年）：14.9% 　　　出典：厚生労働省「雇用動向調査」 注：事業者における集計期間に応じ、国の会計年度(4月開始)、暦年(1月開始)、事業者の事業年度のいずれの過去3年間の実績で判定する。 　（例）認証申請の対象営業所の全てで10%未満の場合：2点（全営業所30%未満）+2点（全営業所10%未満）=4点	平均30%未満	過去3年間	2点	
		平均10%未満		2点	
12.	長時間労働の是正や労働災害の防止、収支の改善等観点からの取引先等に協力を求める基準を設定している。		基準日	2点	
13.	トラック｜標準貨物自動車運送約款又は個別に認可を受けた約款に基づき、待機時間料、積込料、取卸料その他の料金を運賃とは別建てとしている。		基準日	2点	
14.	トラック／バス｜長距離輸送の行程を複数の運転者で分担し、日帰り勤務を可能とするため、中継輸送を実施している。		基準日	2点	

様式C

【F. 自主性・先進性等】以降の通し番号15～20については、「二つ星」では認証項目となっているため、「一つ星」のみに適用

通し番号	参　考　項　目	対象期間	自認	採点
15.	腰痛、転落等の労働災害の発生の防止や業務の軽労働化・快適化のための投資を行っている。 【例：テールゲートリフター、パワーアシストスーツ、フォークリフト、AT車、便所、休憩室の改善、タクシーの自動日報作成システム等】	過去3年間	2点	1点
16.	労働時間の短縮、多様な人材の確保・育成、業務の軽労働化・快適化等の労働条件や労働環境を向上させるための自主的、積極的、独創的、先進的又は高度な取り組みを実施している。 【例：社員表彰制度、キャリアパスの明示、部活動・同好会への支援、レクリエーションの実施、マッサージ器の導入等】	基準日	2点	1点
17.	労働安全衛生、健康経営、次世代育成支援、若者の採用・育成、女性の活躍促進、環境経営等に取り組む優良な事業者等として公的な認定・認証等を受けている。または、国、地方自治体、警察又は陸上貨物運送事業労働災害防止協会、交通安全協会から、長時間労働の是正等の働き方改革や労働安全衛生、交通安全に関する表彰を受けたことがある。 【対象】 ・安全衛生優良企業（厚生労働省） ・健康経営優良法人（経済産業省） ・くるみん（厚生労働省） ・ユースエール（厚生労働省） ・えるぼし（厚生労働省） ・女性ドライバー応援企業認定制度（国土交通省） ・労働安全マネジメント、環境マネジメント、道路交通安全マネジメント、品質マネジメント、衛生・安全・環境マネジメントに関するISO認証（Ex. ISO45001、ISO14001、ISO39001、ISO9001、HSE 等） ・グリーン経営認証制度（交通エコロジー・モビリティ財団） ・引越事業者優良認証制度（引越安心マーク） ・優秀安全運転事業所表彰（自動車安全運転センター） ・その他の公的な認定・認証等であって、認証団体が適当と認めるもの	認定・認証等：基準日 表彰：過去3年間	2点	1点
18.	トラック　認証申請の対象事業所の過半数において、貨物自動車運送事業安全性評価事業（Gマーク制度）の認定を受けている。	基準日	2点	1点
19.	バス　貸切バス事業者安全性評価認定制度（セーフティバスマーク）の認定を受けている。	基準日	2点	
20.	トラック　「トラック運送業における下請・荷主適正取引推進ガイドライン」（国土交通省）を踏まえ、同様の対応を行うように努める方針を企業のトップが明文化するとともに、従業員に周知している。	基準日	2点	

参考項目合計

　　　　点

特記事項

VIII　紙による申請を行う場合

3 提出書類に表紙を付ける

　ホームページから提出書類の表紙(PDF形式)をA4サイズでプリントアウトし、書類ごとに一番上に表紙を付けてクリップ留めします。
　提出書類は次の順番でまとめます。
　① 就業規則の写し
　② 36協定の写し
　③ 労働条件通知書の写し
　④ 安全衛生委員会等関連書類の写し
　⑤ 定期健康診断結果報告書の写し
　⑥ 事業改善報告書の写し

☑ 提出書類表紙（様式 D-1～D-6）

注：提出書類毎にクリップ止めしてください。　　　　提出書類表紙：様式 D-1

会社名　[　　　　　　　　　　　　　]

就業規則の写し

- 複数の営業所で就業規則が同一の場合は、本文は 1 通で良いが、労働基準監督署受付印のあるページは全ての営業所分が必要
- 労働基準監督署に一括届出をしている場合は、労働基準監督署に提出した「届出事業場一覧表」の写しを合わせて提出。（電子申請による一括届出の場合は、作成したリストの写しで可）
- 労働基準監督署の受付印があること（郵送提出等により、受付印がない場合はその旨記載。労働者数が 10 人未満の場合は受付印不要）
- 変更届がある場合は、労働基準監督署の受付印がある直近の当該変更届、及び変更点が反映された最新版の就業規則本文（労働基準監督署の受付印不要）の 2 つが必要
- 年 5 日の有給休暇取得の義務化が反映（「使用者による時季指定」または「計画年休」（計画的付与）を規定）されていること
- 賃金規定や退職金規程などの付属規程や運転者以外の職掌の規定は提出不要

日本海事協会使用欄（以下の欄には記入しないでください）

受付年月日	受付番号	申込み番号	担当者

Ⅷ　紙による申請を行う場合

注：提出書類毎にクリップ止めしてください。　　　　　提出書類表紙：様式 D-2

| 会社名 | |

３６協定の写し

- 協定届（様式第 9 号関連）及び労使協定書（協定届様式が労使協定書を兼ねている場合を除く）を提出
- 労働基準監督署に一括届出をしている場合は、労働基準監督署に提出した「届出事業場一覧表」の写しを合わせて提出（電子申請による一括届出の場合は、作成したリストの写しで可）
- 基準日又は申請日時点で有効であること
- 労働基準監督署の受付印があること（郵送提出等により、受付印がない場合はその旨記載）
- 事業者及び労働者の代表の名前が明記されていること

日本海事協会使用欄（以下の欄には記入しないでください）

受付年月日	受付番号	申込み番号	担当者

168

第 5 章　電子申請の流れ

注：提出書類毎にクリップ止めしてください。　　　　　　提出書類表紙：様式 D-3

会社名

労働条件通知書の写し

- 全営業所共通様式を使用している場合は、その旨を記載し、提出は任意の営業所分の一通で可。共通でない場合は、それぞれの営業所のものを提出
- 過去 1 年間に新規採用した任意の運転者 1 名分の書類。新規採用がなかった場合は、1 年以上前のもので直近のもの。また、これらの保管書類がない場合は、労働基準法に基づいて今後使用する労働条件通知書のひな形
- 法令により明示が必要な以下の事項が記載されていること
  契約期間、就業の場所、仕事の内容、始終業時間、休日、休暇、残業の有無、賃金（締め日、支払日、支払方法含）、退職等に関する事項
- 明示事項を満たす内容であれば雇用契約書でも可

日本海事協会使用欄（以下の欄には記入しないでください）

受付年月日	受付番号	申込み番号	担当者

Ⅷ　紙による申請を行う場合

注：提出書類毎にクリップ止めしてください。　　　　提出書類表紙：様式 D-4

会社名 [　　　　　　　　　　　]

安全衛生委員会等関連書類の写しや、従業員の意見を聴くための機会を設けた場合、それが確認できる書面の写し

（1）常時使用する労働者数が 50 人以上の営業所等（法定の委員会が設置されている場合）は以下の 2 点
　（法定の委員会：常時労働者 100 人以上のバス、タクシー事業の営業所は、安全委員会、衛生委員会又は安全衛生委員会。同 50 人以上 100 人未満のバス、タクシー事業の営業所は、衛生委員会。同 50 人以上のトラック事業の営業所は、安全委員会、衛生委員会又は安全衛生委員会。）
・直近 1 回分の法定委員会の議事録（日時、場所、出席者（労使双方）を記載）
・委員会の構成員一覧または委員の構成員が記載された体制表（法令による選任者（産業医、衛生管理者、安全管理者等）、議長（委員長）、会社側委員、従業員側委員が明記されていること）
　（注）営業所単独ではなく、複数営業所合同で委員会等を開催している場合は、委員会の構成員一覧又は議事録に、合同開催の営業所の委員であることが分かる様に所属営業所を記載すること。
（2）常時使用する労働者数が 50 人未満の営業所等は以下の 1 点
　（安全衛生委員会等の設置義務はないが、労働安全衛生規則第 23 条の 2 に基づき従業員の意見を聴くための機会を設けることとされている。）
・直近 1 回分の従業員の意見を聴くための機会を設けたことが分かる議事録（日時、場所、出席者（労使双方）を記載）
　（注 1）営業所単独ではなく、複数営業所合同で従業員の意見を聴くための機会を設けている場合は、議事録に合同開催の営業所からの参加があることが分かる様に所属営業所を記載すること。
　（注 2）国土交通省告示 1366 号または 1676 号（指導監督指針）に基づく乗務員教育、研修や指導のみの機会及び業務打ち合わせ等の書類は目的が異なるため原則対象外とするが、会社側からの一方向の連絡・通知だけではなく、安全衛生に関する事項・意見・要望が記載され経営者に伝わるものであれば、議事録として扱うことは可。

日本海事協会使用欄（以下の欄には記入しないでください）

受付年月日	受付番号	申込み番号	担当者

注：提出書類毎にクリップ止めしてください。　　　　　提出書類表紙：様式 D-5

| 会社名 | |

労働安全衛生規則第 52 条関係で規定する定期健康診断結果報告書（様式第 6 号）の写し
（50 人未満の事業所は提出不要）

・直近 1 回分の報告書
・労働基準監督署の受付印があること（郵送提出・電子申請により、受付印がない場合はその旨及び届出日を記載）
・個人の健康診断結果は提出しないこと

日本海事協会使用欄(以下の欄には記入しないでください)

受付年月日	受付番号	申込み番号	担当者

171

Ⅷ　紙による申請を行う場合

注：提出書類毎にクリップ止めしてください。　　　　　提出書類表紙：様式 D-6

会社名 _____

行政処分の違反点数を受けている事業者については、是正措置が適切に実施（または計画）されていることが確認できる書類（事業改善報告書等）の写し

- 基準日から遡って過去 1 年間の行政処分全てが対象（但し文書警告は除く）
- 事業改善報告書や改善計画書等の写し
- 停止車両日数や違反点数の内訳が確認できる書類の写し（輸送施設の使用停止及び付帯命令書等）
- 事業改善報告書が運輸局に受理されていない場合は、提出検討中の文書等

日本海事協会使用欄（以下の欄には記入しないでください）

受付年月日	受付番号	申込み番号	担当者

4 書類を郵送する

　申請書類と提出書類を準備したら、「郵送物チェックリスト」をプリントアウトして、すべての書類が揃っていることを確認してリストにチェックを入れます。

　封筒には 「郵送物チェックリスト」、「申請書類」(3種類：申込書、本社・営業所一覧、自認書)、「提出書類」(6種類) をすべて入れ、封筒の表に「申請書類在中」と記載し、下記に送ります（書類は返却されません）。

〒102-8567　東京都千代田区紀尾井町 4-7
　　　　　　一般財団法人日本海事協会　交通物流部

☑ 郵送物チェックリスト

様式E

郵送物チェックリスト（郵送する書類の一番上に同封してください）

会　社　名：
ご担当者氏名：

封筒に入れたら確認欄に☑してください。

確認	様式	郵送書類 書式名
☐	様式A	「審査申込書」
☐	様式B	「営業所一覧」
☐	様式C	「自認書」

確認	様式	「提出書類」
☐	様式D-1（表紙）	就業規則の写し
☐	様式D-2（表紙）	36協定の写し
☐	様式D-3（表紙）	労働条件通知書の写し
☐	様式D-4（表紙）	安全衛生委員会等関連書類の写し
☐	様式D-5（表紙）	労働安全衛生規則第52条関係で規定する定期健康診断結果報告書（様式第6号）の写し
☐	様式D-6（表紙）	行政処分の違反点数を受けている事業者については、違反に対する是正措置が適切に実施（または計画）されていることが確認できる書類（事業改善報告書等）の写し

著者略歴

山下 智美（やました　ともみ）

特定社会保険労務士
元東京労働局労働基準監督課　非常勤職員

●プロフィール●

東京生まれ。大手生命保険会社のお客様サービス部に在籍、相談業務に従事する中でコンサルティングの大切さを実感。その後、リスクコンサルティングを極めるために損害保険代理店に在籍しながら、社会保険労務士資格を取得し、渋谷区にて事務所を開業。運輸業向けに、健康起因事故・労災事故防止活動を展開。
現在は、運輸業を中心とした企業の労務管理・賃金制度・人事評価制度構築などのコンサルティング業務を行いながら、管理職向け研修、コミュニケーション・メンタルヘルスなどの企業研修、運輸業界向けセミナー、講演活動を実施中。

●セミナー実績●

東京都「働き方改革パワーアップ応援緊急対策事業」オンデマンド講師
あいおいニッセイ同和損害保険株式会社
株式会社船井総合研究所
社団法人栃木建設業協会
三井住友海上火災保険株式会社
東京都社会保険労務士会産業カウンセリング研究会
アクサ生命保険株式会社
東京海上日動火災保険株式会社
社団法人トラック協会（東京都、高知県、千葉県、神奈川県、愛知県、静岡県、北海道　他）物流経営士講座講師
川崎地区貨物自動車事業協同組合
中小企業投資育成株式会社
リコージャパン株式会社
その他、トラック業界関連会社との提携セミナー

●執筆●

『トラック運送業の就業規則と諸規程』（CD-ROM）日本法令
『トラック運送業の労務管理と行政対応のポイント』（DVD）日本法令
「働き方改革で確認必須‼　トラック運送業就業規則の整備と運用の仕方」（DVD）日本法令
月刊「ビジネスガイド」、開業社会保険労務士専門誌「SR」等

自動車運送事業の 「働きやすい職場認証制度」取得マニュアル	令和7年1月10日　初版発行

検印省略

〒 101-0032
東京都千代田区岩本町1丁目2番19号
https://www.horei.co.jp/

著　者	山　下　智　美
発行者	青　木　鉱　太
編集者	岩　倉　春　光
印刷所	日本ハイコム
製本所	国　宝　社

（営　業）　TEL　03-6858-6967　　Eメール　syuppan@horei.co.jp
（通　販）　TEL　03-6858-6966　　Eメール　book.order@horei.co.jp
（編　集）　FAX　03-6858-6957　　Eメール　tankoubon@horei.co.jp

（オンラインショップ）　https://www.horei.co.jp/iec/
（お詫びと訂正）　https://www.horei.co.jp/book/owabi.shtml
（書籍の追加情報）　https://www.horei.co.jp/book/osirasebook.shtml

※万一、本書の内容に誤記等が判明した場合には、上記「お詫びと訂正」に最新情報を掲載しております。ホームページに掲載されていない内容につきましては、FAXまたはEメールで編集までお問合せください。

・乱丁、落丁本は直接弊社出版部へお送りくださればお取替えいたします。
・JCOPY 〈出版者著作権管理機構　委託出版物〉
本書の無断複製は著作権法上での例外を除き禁じられています。複製される場合は、そのつど事前に、出版者著作権管理機構（電話　03-5244-5088、FAX　03-5244-5089、e-mail: info@jcopy.or.jp）の許諾を得てください。また、本書を代行業者等の第三者に依頼してスキャンやデジタル化することは、たとえ個人や家庭内での利用であっても一切認められておりません。

© T. Yamashita 2025. Printed in JAPAN
ISBN 978-4-539-73079-9